Second Edition

Parola
per Parola

New Advanced Italian Vocabulary

Tony Giovanazzi

HODDER
EDUCATION
AN HACHETTE UK COMPANY

Although every effort has been made to ensure that website addresses are correct at time of going to press, Hodder Education cannot be held responsible for the content of any website mentioned in this book. It is sometimes possible to find a relocated web page by typing in the address of the home page for a website in the URL window of your browser.

Hachette UK's policy is to use papers that are natural, renewable and recyclable products and made from wood grown in sustainable forests. The logging and manufacturing processes are expected to conform to the environmental regulations of the country of origin.

Orders: please contact Bookpoint Ltd, 130 Milton Park, Abingdon, Oxon OX14 4SB. Telephone: (44) 01235 827720. Fax: (44) 01235 400454. Lines are open 9.00–5.00, Monday to Saturday, with a 24-hour message answering service. Visit our website at www.hoddereducation.co.uk.

© Tony Giovanazzi, 2006
First published in 2006 by
Hodder Education,
An Hachette UK Company
338 Euston Road
London NW1 3BH

This second edition first published 2010

Impression number   5
Year   2014

Cover photo © Jim Zuckerman/Corbis
Typeset in Helvetica Light by Transet Ltd, Coventry, England.
Printed and bound by CPI Group (UK) Ltd, Croydon, CR0 4YY

A catalogue record for this title is available from the British Library

ISBN: 978 1444 11002 9

Introduction

People learn Italian in many different ways, for different reasons and to various levels. All share a wish to be able to read with comfort about things that interest them, to carry on conversations beyond the halting basics, and to write in a manner appropriate to their purposes. The examination syllabuses that underpin this book are designed to help students achieve these aims, and in doing so they in fact provide a basis for anyone interested in the language.

The book is divided into topic areas. Although these topic areas correspond to those currently listed in the GCE AS and A level syllabuses for England and Wales, they form in effect a comprehensive sweep of areas of life which are of interest to any student of the language, with or without specific examination aims.

Each topic area opens with a section listing a range of basic expressions set in a grey box, followed by some simple writing and conversation structures and phrases, and finally by a section showing the use of more advanced structures, the latter printed in **bold** type. In most cases different ways are shown of expressing the same idea, so that the student can begin to have more variety in using the language. Many of the examples of language in use are linked together in a short running context. This can help to give an idea of how an argument or narrative can be structured, in styles than may vary from the conversational to the official.

Translating from one language into another is very rarely a matter of substituting word for word. We have ways of expressing ourselves which can only go into another language by using different forms of words, and often words which look the same in both languages turn out to mean something different. It will be clear from this book that very often phrases are given natural equivalents rather than word for word translation, although sometimes the literal version is shown in order to make the structure clearer.

It is a matter of experience that phrases occurring in a memorable context have a greater chance of sticking than words from a list. It helps too if the context, however serious, is not doggedly solemn.

The traditional methods of learning vocabulary have withstood the tests of time and tedium, and so bear repeating:

- little and often
- cover the foreign language side, then the English side
- do a random check next time you open the book
- put a cross beside every item you look up, and when you get to the third cross against the item learn it – it's clearly becoming common.

Add to the above something that has been called 'inner chuntering'. This is simply thinking of expressions as you go about daily life, for example on a bus or a train, someone getting on or off, someone chatting, having a row or a laugh, the weather outside, should I go, should I stay, etc., almost like making up an internal monologue. A mental note when you get stuck should send you to the appropriate topic area section and then the learning starts to make sense in reality.

Then there is reading. Browsing among magazines and newspapers, taking in headlines and reading things of your own particular interest is a sure way of expanding your own passive vocabulary. A good passive vocabulary, where the words are recognised but not always called to mind to use, is of huge importance in language learning, for it gives confidence and leads on to a widening of the active language you can use. Today a great range of publications can be called up online and dipped into. A number of these are indicated in the course of this book. One example which covers a very wide range of interesting articles on all aspects of Italian life is: www.qui-italia.it – an internet publication of the Istituto Culturale per gli Italiani nel Mondo.

Note on pronunciation

Most Italian words have the stress on the penultimate syllable. Some words have the stress on the last syllable. Where these end in a vowel the stress is marked by an accent over the vowel. Where they end in a consonant it is almost always a shortened form of a verb and keeps the stress in the same place as the original (*cantar/cantare*). However, many Italian words have the stress on other syllables, and there is no way of telling from looking at them – any more than we can distinguish 'entrance' (way in) from 'entrance' (to charm). In words like these the stressed syllable is underlined in this book – as a guide only … not to be transcribed.

Tony Giovanazzi OBE
Chevalier dans l'Ordre des Palmes Académiques (France);
Cavaliere nell'Ordine al Merito della Repubblica (Italy).

Contents

Come dire?

1.1 Per incominciare   *To begin with*

primo (secondo, terzo, ecc.)	first, firstly (second, third, etc.)
in primo (secondo, terzo, ecc.) luogo	in the first (second, third, etc.) place
per incominciare ⎫ per iniziare ⎭	to begin with
al / in principio ⎫ all'inizio ⎬ inizialmente ⎭	at the beginning
prima di iniziare	before beginning
prima di tutto ⎫ innanzitutto ⎭	first of all
soprattutto	first of all; above all
fin dall'inizio ⎫ fin dal principio ⎭	straightaway, from / at the outset
dopo, poi dopo	then, next
in seguito, successivamente	next, following on
per continuare	to continue
dopodiché	afterwards; after which
inoltre, peraltro	moreover
per di più	in addition
anche	also, as well
oppure	or, or else

cominciamo col considerare ...	let's start by considering ...
innanzitutto diciamo che ...	first of all let's say that ...
prima di entrare nell'argomento ⎫ nel discorso ⎭	before getting into the subject
prima di affrontare il tema	before tackling the theme
il problema	problem
la questione	question
vorrei dire fin dall'inizio	I would like to say straightaway
alcune considerazioni prima di addentrarci nell'argomento	a few thoughts before getting into the subject
prima di iniziare occorre sgombrare (sgomberare) il terreno	before beginning we should clear the ground
senza preamboli	without preamble / beating about the bush
poi dopo, in seguito, faremo un'analisi della situazione	and then, following that, we'll do an analysis of the situation
dopodiché potremo trarre delle conclusioni	after which we will be able to draw some conclusions
oppure no – chi lo sa?	or not – who knows?

1.2 Domande e risposte   *Questions and answers*

perché?	why?
perché (+ *subj.*)	so that
a quale scopo? a che scopo?	for what purpose? why?
per quale ragione / motivo?	for what reason? why?
come mai?	how come?
chiedere, domandare	to ask
chiedersi, domandarsi	to wonder, ask oneself
porre / fare una domanda	to ask a question
perché	because
poiché	since, because
a causa di	because of
per	because of; by; out of
per carità, per l'amor di Dio / del Cielo	for pity's sake! please!
per favore, per piacere, per cortesia	please
dato che ...	given that ...
visto che ...	seeing that; since; seeing as how ...
giacché	since, because
quindi	so, therefore
perciò	therefore
così	and so, thus, therefore

bisogna chiedere perché	one has to ask why
per quale ragione	for what reason
occorre chiederci	we have to ask ourselves
per una ragione o per un'altra	for one reason or another
lo ha fatto senza motivo } ragione }	he did it for no reason
dice così perché non lo sa	he says that because he doesn't know
quindi / perciò forse non è vero	so maybe it's not true
poiché è un mio amico non dico niente	since he's a friend of mine I'm saying nothing
c'è da chiedersi il perché	one has to wonder why
ma siamo proprio sicuri?	but are we really sure?
la domanda va fatta (posta) in questi termini	the question has to be asked (put) in these terms
a che cosa servono queste domande?	what are these questions for?
a che scopo mi fa questa interrogazione?	to what end (why) are you interrogating me?
me lo fa perché tradisca i miei amici?	are you doing it to make me betray my friends (lit. 'so that I might', etc.)
come mai potrebbe pensare una cosa simile?	however could you think such a thing?
come mai? ebbene, se non lo sa Lei ...	how come? well, if you don't know ...

poiché ha detto così, dobbiamo credergli	since he said that, we have to believe him
non è (ha) potuto venire per motivi familiari	he couldn't come for family reasons
quindi è rimasto a casa per quella ragione	so he stayed at home for that reason
giacché ci siamo ...	since we're on the subject ...
vorrei sapere il come e il perché	I would like to know the why's and wherefore's (lit. 'the how and why')
visto che non ne sappiamo niente ...	seeing as how we know nothing about it ...
dovremo perciò accontentarci	we'll therefore have to content ourselves
pazienza!	never mind! too bad! tough luck! (etc.)

1.3 Entrando nel discorso   *Dealing with the subject*

1.3.1 Per chiarire   *To clarify*

certo! certamente!	of course! certainly! sure!
indubbiamente!	
senza dubbio!	undoubtedly! (etc.)
senza alcun dubbio!	
è certo che, sicuro che ...	certainly ..., it's certain that ...
in altre parole	in other words
in altri termini	
per meglio dire	in other words, to put it another way
detto meglio	put another way
per precisare	to be exact
per essere più precisi	to be more precise
voglio dire	I mean (to say)
intendo (dire)	I mean

per spiegarmi (meglio)	to make myself clear
mi spiego (bene)?	do I make myself clear?
mi sono spiegato / spiegata?	have I made myself clear?
ha capito?	do you understand?
è chiaro?	is that clear?
è chiaro che ...	it is clear that ...
perché sia chiaro	to be clear (lit. 'so that it is clear')
per maggiore chiarezza	for greater clarity, to be clearer
mettere le cose in chiaro	to make things clear
aggiungiamo che ...	in addition, let's add that ...
in parole povere	in simple words, put simply

cerchiamo di puntualizzare	let's try to be precise
ripeto perché sia ben chiaro	I repeat to make it quite clear
ripeteva perché fosse ben chiaro	he repeated to make it quite clear
è doveroso considerare altri aspetti	one has to consider other aspects
la questione va analizzata	the issue has to be analysed
affermare con certezza	to state with certainty
teniamo presente che ...	let's bear (keep) in mind that...
d'altra parte, d'altro canto	on the other hand
premesso che ...	considering that ...
premetto subito che ...	I want to start by saying ...
ammesso e non concesso che (+ subj.)	granted for the sake of argument that ... (lit. 'admitted but not conceded')
ammesso e non concesso che sia vero ...	even if, for argument's sake, it might be true ... / even supposing it's true ...

1.3.2 Penso che ... / *I think that ...*

(io) credo che ...	I think that ...
secondo me	in my opinion
secondo me non è vero – anzi!	I don't think it's true – quite the opposite!
a mio parere	in my opinion
a mio avviso / giudizio	in my opinion / judgement
è mio avviso che ...	it is my opinion that ...
mi pare che ... } mi sembra che ... }	I think that ..., it seems to me that ...
punti di vista	points of view
pensare di sì / pensare di no	to think so / to think not
essere d'accordo	to agree
non essere d'accordo	to disagree
essere contrario a ... / in disaccordo con	to be against ... / in disagreement with ...
l'accordo	agreement
il disaccordo	disagreement
essere in contrasto con ...	to be opposed to ...; at odds with
come non detto	forget it; forget I said that
detto fra noi	between ourselves
dal mio punto di vista	from my point of view
da parte mia	for my part
per quanto mi riguarda	as far as I'm concerned
non fa niente } non importa }	it doesn't matter
(a me) non m'importa	it doesn't matter to me

io dico che …	I say that …, I think that …
ritengo che …	I believe (reckon) that …
lo ritengo colpevole	I reckon he's guilty
lo credo onesto	I believe he's honest
questo mi ricorda …	that reminds me of …
mi viene in mente	I recall to mind, it comes to my mind
non m'importa per niente	it doesn't matter to me at all
fa lo stesso	it's all the same, it doesn't matter
per me è lo stesso	it's all the same to me
sotto tutti i punti di vista	from all points of view
la penso anch'io così / sono d'accordo	I think the same / I agree
sono dello stesso parere	I'm of the same opinion
fino a(d) un certo punto	up to a point
alcuni pensano che … ⎤	
qualcuno pensa che … ⎦	some people think that …
c'è chi pensa che …	there are some who think that …
l'opinione generale è che …	the general opinion is that …
un'opinione diffusa	a widely held view
il parere generale	the general opinion
è ormai accettato che …	it is now accepted that …
siamo d'accordo su questo punto	we are agreed on this point
mettiamoci d'accordo	let's agree
restiamo d'accordo così?	shall we take that as agreed?
(siamo) intesi?	are we agreed / understood?
intesi!	understood! / agreed!
d'accordo! / va bene!	all right! / agreed! / OK
ammettiamo che sia vero	let's take it as true
francamente, la faccenda (la cosa) mi lascia indifferente	frankly, the business doesn't bother me one way or another / leaves me cold
per me fa lo stesso / mi è indifferente	it's all the same to me
non mi fa né caldo né freddo	it makes no difference to me
c'è chi la pensa diversamente	there are some who think differently
c'è chi non la pensa così	there are some who don't think the same / think otherwise
esiste un forte dissenso	there is strong disagreement / a strong body of opinion against
i pareri altrui vanno rispettati	other people's views have to be respected
fino a prova contraria	until proved otherwise
al contrario	on the contrary
al contrario di altre persone io penso che …	unlike other people I think that …
avete qualcosa in contrario?	have you anything against it?
non ho nulla in contrario	I have nothing against it
anche se non fossero opinioni condivise dalla maggioranza	even if they are not opinions shared by the majority

i numeri parlano chiaro, e la matematica non è un'opinione	the numbers speak clearly, and maths is not an opinion
l'opinione più diffusa è che ...	the most widespread view is that ...
i sondaggi più recenti dicono che ...	the latest opinion polls say that ...
l'opinione pubblica si è schierata contro la proposta di legge	public opinion has come out against the bill (proposed law)
ma non sembrerebbe un'opinione condivisa da tutti	but it would not appear to be a view shared by everyone
suscita una viva controversia	it raises (starts) a lively controversy
con punti di vista contrastanti	with contrasting points of view

1.4 Sviluppando il discorso *Developing the theme*

1.4.1 Fatti *Facts*

un fatto	a fact
un dato di fatto	a given fact
i dati, i dati di fatto	the data, given facts
si tratta di ...	it's a question of ..., it's about ...
è lì il problema	that's where the problem lies
il punto centrale	the central point
il punto essenziale / fondamentale	the fundamental point
è vero che ...	it is true that ...
la verità è questa	the truth is this
per dire la verità	to tell the truth
rivelare la verità	to reveal the truth
svelare i segreti	to unveil (reveal) the secrets
sottolineare / mettere in evidenza	to underline, emphasise
con ogni probabilità	in all probability
probabilmente	probably
accertare	to ascertain
verificare	to verify
constatare	to establish
i fatti sono questi	these are the facts
i fatti sono i seguenti	the facts are as follows
il caso	the case
nel caso specifico	in the particular (specific) case
in questo caso	in this case
in ogni caso / evento } ad ogni modo	in any case, at any rate
eppure	and yet
nel frattempo	in the meantime

ecco il punto	
è questo il punto	this is the point
va detto che ...	it has to be said that ...
venire al sodo	to come to the point
veniamo ai fatti	let's get down to the facts
il fatto è che ... / fatto sta che ...	the fact is that ...
prendiamo in considerazione	let's take into consideration
prendiamo il caso di ...	let's take the case of ...
mettiamo che ...	
supponiamo che ...	let's suppose that ...
la verità sta nei dettagli	the truth is in the details
cambiare discorso	to change the subject
voltiamo pagina	let's turn the page / move on
il nocciolo della questione	the nub (kernel) of the problem
il nodo della faccenda	the crux of the matter
mettiamo il caso che ...	let's suppose that ...
occorre sottolineare che ...	one must underline that ...
è da sottolineare il fatto che ...	the fact has to be emphasised that ...
soffermiamoci un attimo su alcuni punti cardine	let us concentrate for moment on a few central points
vorrei soffermarmi su alcuni particolari	I would like to dwell on a few details
sarebbe opportuno dare uno sguardo / un'occhiata a ...	it would be appropriate to take a look at ...
vorrei ricordare alcuni dati di fatto	I would like to recall a few facts
a scanso di equivoci	to avoid any ambiguity
diciamo subito che ...	let's say straightaway that ...
nel peggiore dei casi	in the worst-case scenario
nella migliore delle ipotesi	at best
nella peggiore delle ipotesi	at worst, if the worst comes to the worst
se dovesse andare tutto storto	if it should all go pear-shaped, wrong
se dovesse andare per il meglio	if it goes well / works out for the best
se dovesse andare per il peggio	if it goes badly
è provato / accertato / assodato che ...	it is proved / known for certain that ...
i fatti sono venuti a galla	the facts came out / surfaced
la verità nascosta si è svelata	the hidden truth was revealed
i retroscena sono stati esposti alla luce del giorno	the behind-the-scenes dealings were exposed to the light of day
però rimane il fatto che ...	however, the fact remains that ...
sta di fatto che ...	the fact (of the matter) is that ...
stando le cose così	as things stand
abbiamo constatato che le cose non erano come ci avevano fatto credere	we have established that things were not as they had led us to believe
prendere atto di ...	to take note of ...
abbiamo preso atto dell'accaduto	we took note of what happened
prendiamo atto del fatto che ...	let's take account of the fact that ...

1.4.2 Ragionamenti   *Reasoning*

ragionare	to argue, reason
rendersi conto di (qualcosa) ⎫ accorgersi di (qualcosa) ⎭	to realise, become aware of (something)
rendersi conto che ... ⎫ accorgersi che ... ⎭	to realise that ... (NB: 'to realise' meaning 'to make something happen' is *realizzare*)
riflettere	to reflect, consider
dubitare di (qualcosa)	to doubt (something)
che ... (+ *subj.*)	to doubt that ...
mettere in dubbio	to put in doubt, cast doubt on

il mio ragionamento è questo — my argument (reasoning) is this
mi rendo conto del problema — I realise the problem
si è accorto che non è vero — he realised that it is not true
bisogna riflettere prima di essere troppo sicuri — one needs to reflect carefully before being too sure
dubito che sia vero — I doubt if it's true
(lei) dubitava che potesse venire (lui) — she doubted if he would be able to come

il suo ragionamento non mi convince — your argument does not convince me
il mio ragionamento su questo argomento è il seguente — my argument on this matter is as follows
il ragionamento è seducente — the argument is attractive (seductive)

le prove sono attendibili — the evidence is reliable
essere persuaso/a dal ragionamento — to be persuaded by the argument
le prove sono da mettere in dubbio — the evidence is doubtful
dubitare dell'attendibilità delle prove — to doubt the reliability of the evidence
nutrire qualche dubbio — to harbour some doubts
non lo metto in dubbio — I don't doubt it
procedere / andare coi (con i) piedi di piombo — to go slowly / carefully (lit. 'walk with leaden feet')
camminare in punta di piedi — to walk on tiptoe / tread carefully
procedere con la dovuta cautela ⎫
le debite precauzioni ⎭ — to proceed with due caution
per decidere se fosse vero o no — to decide if it was true or not

litigare	to argue, quarrel (also, but not common: 'take to court')
un litigio / una lite	an argument, a quarrel
un diverbio, un battibecco	a heated exchange, an argument
avere una discussione con ...	to have words / an argument with ...
un dissenso	a difference of opinion
scontrarsi con ...	to fall out with ...
bisticciare (bisticciarsi)	to quarrel, bicker, squabble
un bisticcio	a squabble

hanno litigato per una faccenda di famiglia	they quarrelled over a family matter
e hanno dovuto farsi causa per risolvere l'eredità	and they had to go to court to settle the inheritance (legacy)
i coniugi (si) bisticciavano	the husband and wife were squabbling
perché il marito si era scontrato con la suocera	because the husband had fallen out with the mother-in-law
a causa di un dissenso	because of a difference of opinion
seminare discordia	to sow discord
il pomo della discordia	the bone of contention
venire a parole con ...	to have words with ...
passare (dalle parole) alle vie di fatto	to proceed (from words) to blows
venire alle mani	to come to blows
insultarsi a vicenda	to trade insults
attaccar lite (briga) con qualcuno	to pick a quarrel with someone
un (un')attaccabrighe	a troublemaker, quarrelsome person
non appena la vedeva attaccava briga	as soon as she saw her she would pick a fight
cambiamo discorso, per carità, sennò finiamo per litigare	let's change the subject, for goodness sake, otherwise we'll end up quarrelling
dopo un acceso diverbio sono venuti alle mani	after a heated exchange they came to blows
poi dopo gli animi si sono placati	then afterwards they calmed down / tempers cooled
e sono tornati amici come prima	and they were friends again

1.4.4 Giudizi — *Judgements*

il concetto	idea, concept
il preconcetto	preconceived idea; prejudice
giudicare	to judge; consider, think
giudicare male	to misjudge
esprimere un giudizio	to express an opinion
il pregiudizio	prejudice
avere ragione / torto	to be right / wrong
a torto o a ragione	right or wrong
sbagliare, sbagliarsi	to get something wrong, to be wrong
mi sbaglio, mi sono sbagliato/a	I'm wrong
badare a	to mind, be careful, take care; look after
guardarsi bene da ...	to be careful not to ...
mentire	to lie
una menzogna, una bugia	a lie, falsehood
dire bugie	to tell lies
il bugiardo	liar
smentire	to disprove; contradict; give the lie to
smentirsi, contraddirsi	to contradict oneself
negare	to deny
fare un pronostico	to make a prediction
pronosticare	to predict, forecast
prevedere	to predict, foresee (*le previsioni del tempo* is 'the weather forecast')

è un'opinione sbagliata	it's a mistaken opinion
posso affermare senza contraddirmi	I can state without contradicting myself
senza contraddizione	without contradiction
non sono un bugiardo – non dico bugie	I'm not a liar – I don't tell lies
però i fatti La smentiscono	the facts, however, contradict you
si sbaglia	you are wrong
non deve giudicarmi a priori	you must not prejudge me
guardarsi bene da ... / badar a non ...	to take care not to ... / guard against ...
guardiamoci bene dal fare ipotesi azzardate	let's be careful not to make rash assumptions
badi bene a non dare giudizi affrettati	be careful not to make rushed judgements / to leap to conclusions
un giudizio avventato	a rash judgement
essere avventato	to be foolhardy

il giudice era prevenuto nei suoi confronti	the judge had a prejudice (was prejudiced) against him
i fatti smentirono i pronostici	the facts contradicted the predictions
(se) dovessi azzardare un pronostico	if I were to hazard a guess
direi ad occhio e croce	I would say roughly
senza mettere i puntini sugli (sulle) 'i'	without dotting the 'i's'
che tutto rimarrà come prima	that everything will stay the same as before
fraintendere	to misunderstand
non mi fraintendere	don't misunderstand me
non vorrei essere frainteso	I would not like to be misunderstood
trarre in inganno / ingannare	to deceive
fu tratto in inganno / ingannato da un documento falso	he was deceived by a false document
che falsificò il suo giudizio	which falsified his conclusion
nei panni suoi io sarei stato più cauto	in his shoes I would have been more cautious
se fossi in te non direi questo	if I were you I wouldn't say that

1.4.5 Pensieri / preoccupazioni   *Thoughts / worries*

l'idea (f)	idea; thought
il pensiero	thought
avere dei pensieri ⎫ essere / stare in pensiero ⎭	to be worried
impensierire qualcuno	to worry someone
impensierirsi	to worry (i.e. oneself)
spensierato/a	carefree
preoccuparsi di ...	to worry about ...
la preoccupazione	worry, preoccupation
preoccupato da ...	preoccupied with ...
innervosire	to make nervous
innervosirsi	to become nervous
dare sui nervi	to get on one's nerves

sono in pensiero per mio figlio	I'm worried about my son
mio figlio m'impensierisce tanto	my son worries me so much
mi dà tanti pensieri	he gives me so many worries
lui è così spensierato	he's so carefree
non si preoccupa di niente	he doesn't worry about anything
così mi preoccupo costantemente	so I worry all the time
per conto suo	on his account
e lui s'innervosisce per questo	and he gets nervous because of this

l'idea mi venne subito	the idea came to me straightaway
ero stato colpito da un pensiero	I had been struck by a thought
io che passavo per un tipo spensierato	I, who had been taken for a carefree type
tutto d'un tratto	all of a sudden
diventavo preoccupato	became preoccupied
non che mi impensierissi più di tanto	not that I worried over much
ma impensierivo gli amici	but I worried my friends
e anche gli davo sui nervi	and I also got on their nerves
'su, dài, coraggio!' mi dicevano	'come on, chin up!' they said to me
come se credessero che fossi matto	as though they thought I was mad
può darsi che abbiano ragione } è possibile che abbiano ragione } forse hanno ragione }	they could be right / maybe they're right

1.4.6 Fortuna / sfortuna — *Luck / misfortune*

la fortuna	luck; good luck
fortunato/a	lucky
la sfortuna	misfortune
sfortunato/a	unfortunate
la sorte	fate; luck; lot
la buona sorte	good fortune, good luck
la cattiva sorte	ill fortune, bad luck
tirare a sorte, sorteggiare	to draw (by lot)
la disgrazia	misfortune, mishap (not 'disgrace')
disgraziato/a	unfortunate, unlucky
la sciagura	calamity
sciagurato/a	wretched
la sventura	misfortune, piece of bad luck
sventurato/a	ill-starred, unfortunate
l'augurio	wish; omen
auguri! auguri da ...	best wishes! best wishes from ...
augurare	to wish
augurarsi	to hope
per fortuna, fortunatamente	luckily, fortunately
per disgrazia, purtroppo	unluckily
disgraziatamente, malauguratamente	unluckily, unfortunately
brindare	to toast, drink to

buona fortuna! } in bocca al lupo! }	good luck!
buon lavoro!	work hard! enjoy your work!
ti auguro una buona riuscita	I wish you well (lit. 'a good success')
promette bene	it's looking good, it looks promising
male	it's not looking good
mandare gli auguri di Natale	to send a Christmas card
brindare alla fortuna	to drink a toast to good luck

è di buon augurio / auspicio	it bodes well
è di cattivo augurio / auspicio	it's not looking good, it bodes ill
la fortuna sorride a chi la va a cercare	fortune smiles on whoever goes in search of it
ebbe la fortuna di trovare un buon lavoro	he had the luck to find a good job
si vede che la sorte gli sorrideva	it is obvious that fate was smiling on him
malauguratamente non tutto andò per il verso giusto	unfortunately not everything went right for him
gli capitò una disgrazia	a misfortune befell him
la cattiva sorte si è accanita (su / contro) di lui	ill-luck dogged him
c'è da auspicare una rimonta	let's hope for a comeback
almeno gliela auguriamo	at least we wish it for him
brindiamo dunque alla sua fortuna	so let's drink to his good fortune

1.5 La conclusione

The conclusion

infine, alla fine	finally
dopotutto	after all; at the end of it all
per finire	to finish
in conclusione	in conclusion
tirare le somme	to sum up
riassumere	to summarise
ricapitolare	to recapitulate
insomma, in sintesi	in short
in chiusura	to end with
ribadire	to reaffirm

per concludere diciamo che ...	to conclude let's say that ...
per farla breve	briefly, to cut a long story short
per chiudere l'argomento	to close the discussion
una conclusione scontata	a foregone conclusion
un risultato prevedibile / scontato	a foreseeable / expected result
riepiloghiamo	let's go back over it
rincominciamo daccapo / da capo	let's start at the beginning again
tutto sommato	all in all, when all's said and done
tutto considerato	all things considered

tenendo conto degli aspetti salienti
tirando le somme si può concludere
mettendo da parte certi punti deboli
senza negare le verità evidenti
pur non trascurando certi aspetti
   negativi
posso sbagliarmi
ma è più probabile che abbia ragione
l'unica conclusione che regge è ...

fermo restando il principio di base
rispettando il parere altrui / di altri
punto e basta!
in chiusura vorrei ribadire alcuni
   concetti
ribadendo quanto detto in
   precedenza
in fin dei conti
a conti fatti
in ultima analisi
rimane solo da dire
la morale della favola
tutto è bene quel che finisce bene

taking the salient points into account
summing up we can conclude
setting aside certain weak points
without denying the evident truths
yet without neglecting certain
   negative aspects
I may be wrong
but it's more likely that I'm right
the only conclusion that stands
   up is ...

still keeping to the basic principle
respecting the opinion of others
full stop! period!
to conclude I would like to
   reaffirm a number of ideas
reasserting what was stated
   previously
finally, at the end of it all
when all is said and done
in the final analysis
there just remains to say
the moral of the story
all's well that ends well

Gioventù

2.1 Gioventù — *Youth*

2.1.1 La compagnia — *Group of friends*

i compagni, gli amici / le amiche	friends
i compagni di scuola	school friends
i giovani / la gioventù	young people / youth
la giovinezza	youth (i.e. youthfulness – not 'young people')
gli adolescenti	adolescents
andare in giro	to go around
andare in gruppo / in compagnia	to go around in a crowd (of friends)
un gruppo di ragazzi spensierati	a group of carefree youngsters
fare la conoscenza di qualcuno	to make someone's acquaintance
incontrarsi, trovarsi, ritrovarsi	to meet
dove ci incontriamo / troviamo / ritroviamo?	where shall we meet?
al solito posto / ritrovo	at the usual place

2.1.2 La condotta — *Behaviour, conduct*

l o spirito di ribellione / di rivolta	the spirit of rebellion / revolt
una banda di giovani scalmanati teppisti	a gang of young louts hotheads
un fannullone	a layabout; a good-for-nothing
un combinaguai / un piantagrane	troublemaker
un guaio	trouble
combinare guai / piantare grane	to cause trouble
essere nei guai	to be in trouble
una grana / una seccatura	nuisance; trouble
sgridare / rimproverare	to tell off; scold
essere sgridato / rimproverato dai genitori	to get a dressing down from one's parents

2.1.3 L'amicizia

Friendship

stringere / fare amicizia (con ...) allacciare un'amicizia (con ...) fare amicizia (con ...)	to strike up a friendship (with ...)
avere legami d'amicizia con ...	to be friendly with ...
provare (avere) simpatia per qualcuno	to like (have a liking for) someone
essere simpatico/a a qualcuno	to be agreeable to someone
mi è simpatico/a	I like him / her
lo / la trovo simpatico/a	I find him / her likeable (I like him / her)
andare d'accordo	to get on well together
vanno molto d'accordo	they get on very well together
amici per la pelle	bosom pals

2.1.4 L'amore

Love

l'innamorato / l'innamorata	boy/girlfriend; sweetheart
gl(i)'innamorati	sweethearts
innamorarsi di qualcuno	to fall in love with someone
prendersi una cotta (una cottarella) per qualcuno	to have a crush on someone
il fidanzato / la fidanzata	fiancé(e); boy/girlfriend (the more normal meaning nowadays)
il mio ragazzo / la mia ragazza	my boyfriend / my girlfriend
l'amante (*m/f*)	lover (nowadays used in this sense rather than simply 'sweetheart')
stare con qualcuno	to go out with someone
uscire insieme	to go out together
legare	to 'click', get on well
abbiamo legato subito	we clicked straightaway
avere una relazione / un'avventura / una storia	to have a relationship (i.e. an affair)
convivere	to live together
il / la convivente (*official language*) il compagno / la compagna	partner
figo (*slang*)	dishy, hunky, etc.
uno sfigato (*slang*)	a 'loser'
la convivenza	cohabitation, living together
rompere, lasciarsi	to split up

2.1.5 Le passioni — *Enthusiasms*

avere una passione per ... / essere appassionato di ...	to have a passion for, great enthusiasm for ...; to be a fan of ...
la musica pop / rock	pop / rock music
il brano, la canzone	song
un motivo / una canzone di successo	hit number
quello/a che va per la maggiore	the most popular
divertirsi un mondo / da morire	to have a great time
mi piace un mondo / da morire	I like it a lot
una chat line	a chat line (pronounced as in English)
un sito chat	an Internet chat site
chattare (*the forms* ciat *and* ciattare *are now quite common*)	to chat (on Internet)
chiacchierare	to chat (in the ordinary everyday sense)
fare quattro chiacchiere	to have a chat

2.1.6 La moda — *Fashion*

la moda giovanile	youth fashion
essere 'in'	to be 'in', 'cool'
è una moda molto 'in'	it's a very 'cool' fashion
la moda di ultimo grido	the very latest fashion
abbigliamento giovane	youth fashion (clothes)
abbigliamento sportivo	sportswear
nuova / ultima tendenza	latest trend
i jeans	jeans
jeans attillati(ssimi)	slimline jeans
jeans griffati	designer jeans
la griffe	designer label
il marchio	label; brand name
la maglieria	knitwear
una maglietta	knitted top / jumper (English terms often used for specifics, e.g. *T-shirt, polo,* etc.)
andare / calzare bene	to fit
stare bene	to suit
mi sta bene questa gonna?	does this skirt suit me?
ti sta benissimo	it suits you very well
ti calza a pennello	it fits you to a T / perfectly
la biancheria intima / l'intimo	underwear
la sfilata (di moda)	fashion show
la passerella	the catwalk
la topmodel / la supermodella	top model / supermodel

alla moda	in fashion
fuori moda	out of fashion
il trucco	make-up
i cosmetici	cosmetics
la ceretta	waxing
farsi la ceretta alle gambe	leg waxing
la depilazione	hair removal
truccarsi / mettersi il trucco	to put on make-up
la taglia / la misura	size (of clothing)
il numero	size (of shoes)
provarsi	to try on
provarsi una scarpa per vedere se va bene (come misura)	to try on a shoe to see if it fits
va bene come taglia questa giacca?	is this jacket the right size?
me la provo	I'll try it on
se non dovesse andar bene la possiamo cambiare	if it's not right we can change it

i giovani amano andare in giro tra amici	young people like going around with friends
per loro è importante far parte di un gruppo	it's important for them to be part of a group
hanno un loro ritrovo preferito	they have their own special meeting place
dove s'incontrano volentieri	where they like to meet
per stare insieme a chiacchierare	to be together and chat
è simpatico andare in gruppo	it's great to go around in a crowd
ci piace ascoltare la musica	we like listening to music
soprattutto i motivi di successo	especially the hit numbers
che sono quelli che vanno per la maggiore	which are the most popular ones
spesso i giovani si sentono incompresi	young people often feel they are not understood
vengono sempre rimproverati dagli adulti	they are always being told off by adults
e così qualche volta si ribellano	and so they sometimes rebel
ma sono soltanto spensierati, non cattivi	but they are only carefree, not bad
molto spesso vi è un'immagine negativa della gioventù di oggi	there is very often a negative image of the youth of today
'la gioventù di oggi non è come ai tempi della mia giovinezza,' si sente dire	'today's young people are not the same as in my young days,' you hear people say
i media mettono in risalto	the media emphasise / give prominence to, headline
bande di giovani scalmanati fuori controllo	gangs of young louts out of control
fannulloni e combinaguai	layabouts and troublemakers

mentre questi sono in verità una minoranza	while these are in truth a minority
la maggior parte è gente pacifica	the majority are peaceful people
anzi, sono più altruisti degli adulti	in fact, they are more altruistic than adults
forse i vecchi sono gelosi della spensieratezza dei giovani	maybe the old are jealous of the carefree attitude of the young
s'innamorano, e poi si raffreddano / si stufano l'uno dell'altro	they fall in love, and then they cool / go off each other
convivono, e poi si lasciano	they live together, and then they split up
sono esperti di computer e di internet	they are experts in computers and the internet
vanno in giro con l'auricolare sempre attaccato all'orecchio	they go around with an earphone always stuck to their ear
inconsci del traffico che passa	oblivious of the passing traffic
è un modo di essere 'in'	it's a way of being 'cool'
di sentirsi 'figo' (slang)	to feel 'cool'
beati loro!	lucky them!
poi finiscono per diventare cittadini esemplari	then they end up becoming exemplary citizens
che si lamentano della nuova generazione	who complain about the young generation

2.2 Comportamenti — *Behaviour*

le buone maniere, la buona educazione	good manners
l'educazione, la cortesia	politeness, courtesy
per favore, per piacere, per cortesia	please
la maleducazione, la scortesia	bad manners, discourtesy
educato / maleducato } cortese / scortese	well-mannered / ill-mannered
mancare d'educazione	to lack good manners
agire con rispetto	to act with respect
comportarsi bene / male	to behave well / badly
il rispetto	respect
una mancanza di rispetto	a lack of respect
il riguardo	regard, consideration
un ospite di riguardo	a distinguished (honoured) guest
mancare di riguardo verso qualcuno	to show a lack of consideration to someone
irriguardoso/a, poco rispettoso/a	disrespectful
sgarbato/a	rude
in maniera irriguardosa sgarbata	rudely
gentile, cortese, garbato/a	polite, courteous
in maniera gentile / cortese / garbata	politely

fare uno sgarbo a qualcuno	to be rude to someone
dare fastidio	to cause trouble; be a nuisance
le da fastidio (/ le dispiace) se apro la finestra?	do you mind if I open the window?
si figuri!	not at all!
nuocere	to harm
fare un dispetto	to do a bad turn
dispettoso/a	spiteful; ill-mannered
essere in confidenza con	to be on familiar terms with
prendersi delle confidenze con	to take liberties with
fiducioso/a	confident; trusting
sfiduciato/a	lacking in confidence
diffidente / sospettoso/a	mistrustful
essere fiducioso/a (avere fiducia) nelle proprie capacità	to trust in one's own abilities

la cortesia è una bella cosa	politeness is an attractive thing
è meglio essere educato piuttosto che maleducato	it's better to be well-mannered than rude
mostrate un po' di rispetto verso gli anziani	show a bit of respect to old people
non siate dispettosi	don't be spiteful
fare un dispetto a qualcuno non è bello	it's not nice to do someone a bad turn
specie quando sei in confidenza con la persona	especially when you are friendly with the person
con le buone maniere si ottiene tutto	good manners will get you everywhere
fare una scortesia non è bello	to be unkind / to act rudely is not nice
conosco una persona molto sgarbata	I know a very ill-mannered person
si è preso delle confidenze con me	he took liberties with me
lo ha fatto per dispetto	he did it out of spite
le buone maniere non nocciono	good manners don't do any harm
la cortesia sembrerebbe passata di moda	politeness would seem to be out of fashion
c'è molta maleducazione in giro	there is a lot of ill-mannered behaviour around
comportamenti irriguardosi sono spesso all'ordine del giorno	rude behaviour is often a daily occurrence
invece di chiedere gentilmente	instead of asking politely
in maniera garbata e civile	in a polite and civil manner
si è abituati a sentire	one is accustomed to hearing
linguaggio volgare e parolacce	vulgar language and swear words
quelli che studiano una lingua straniera	those who are learning a foreign language
spesso non apprezzano la distinzione	often don't appreciate the distinction

tra un linguaggio accettabile	between acceptable language
e quello che non si dovrebbe	and that which you should not use
adoperare di solito in compagnia	in normal company
a forza di voler mostrare una certa	by dint of wanting to display a
dimestichezza con la lingua	certain familiarity with the language
finiscono spesso per fare delle gaffe	often finish up committing gaffes
che fanno arrossire	which make you / one blush

2.3 Le comunicazioni — *Communications*

il cellulare, il telefonino	cell phone, mobile phone
rinnovare la scheda	to top up the card
ricaricare la batteria	to recharge the battery
ricaricabile	rechargeable
batteria scarica	flat battery (discharged)
SMS (esse-emme-esse)	text message
mandare un SMS	to text; send a text message
lo smartphone	smartphone
con connettività Wi-Fi	with Wi-Fi connectivity
il palmare	palmtop
nel palmo della mano	in the palm of the hand
connettere / connesso	to connect (i.e. to a system)
l'auricolare	earpiece
la suoneria	ring tone
digitare il numero	to dial the number (i.e. press keys)
mandare una e-mail / delle e-mail	to send an email / emails
(*now often shortened to* una mail, delle mail)	
il collegamento	connection (to a person)
essere collegato con …	to be connected to / with …
essere in collegamento con …	to be in communication with …
mi lasci il numero	leave me your number
mi dia l'indirizzo	give me the address
il centralino	switchboard
la segreteria (telefonica) (*NB*: la segretaria *is 'the secretary'*)	answering service; answering machine; secretary's office; secretarial staff
lasciare un messaggio	to leave a message
il / i call-centre	call-centre(s)
risposta automatica	automatic response

oggi tutti, o quasi, hanno il cellulare	today everybody, or nearly everyone, has a mobile phone
il cellulare è adesso più che un telefono	the mobile phone is now more than a telephone
è persino una macchina fotografica	it's a camera as well
e addirittura un computer con accesso all'internet	and even a computer with internet access

molti giovani usano il telefonino per mandare gli SMS piuttosto che per parlare	many young people use the mobile phone for texting rather than for speaking
è più 'in'	it's 'cooler'
e poi, costa meno	and then, it's cheaper (costs less)
bisogna ricordarsi sempre di ricaricare la batteria	you must always remember to recharge the battery
se la batteria è scarica il cellulare non funziona più	if the battery has lost its charge (is flat) the mobile stops working (doesn't work any more)
che rabbia quando non puoi telefonare agli amici	how infuriating when you can't phone your friends
o, peggio ancora, quando loro non possono parlare con te	and what's worse, when they can't talk to you
le risposte automatiche danno sui nervi	the automatic response systems get on one's nerves
fanno innervosire arrabbiare	they get you worked up they make people angry
non si parla mai con una persona vera	you never speak to a real person
'se vuole segnalare un guasto, digiti uno'	'if you wish to report a fault, press one'
e via di seguito	and so on
finisci per spaccare il telefono contro il muro	you finish up smashing the phone against the wall
dopodiché, devi segnalare un guasto!	after which, you have to report a fault!
così si ricomincia tutto da capo	so you start all over again
il comportamento sull'uso del cellulare è tutto da rivedere	mobile phone behaviour needs to be totally revised
parlare a voce alta in pubblico è increscioso	speaking loudly in public is annoying
perché si tende ad alzare la voce mentre si parla al telefonino?	why is there a tendency to raise the voice when speaking on the mobile?
è molto sgarbato usare il cellulare a tavola nei ristoranti	it is very rude to use the mobile at a restaurant table
dà fastidio agli altri	it disturbs (annoys) other people
difatti (infatti) molti ristoratori ne hanno già bandito l'uso dentro la sala	in point of fact, many restaurateurs have forbidden their use in the dining area
proprio come il divieto di fumo	just like the smoking ban
si parla di cose private ad alta voce a tavola in casa?	do you have private conversations in a loud voice at the table at home?
nemmeno (neanche) per sogno!	no way!

il computer (*pronounced as in English*)	computer
un (computer) portatile	laptop
computerizzato	computerised
l'internet	internet
un sito internet	an internet site
www. (pronounced vùvùvù punto)	www dot
@ (*pronounced* chiocciola, *i.e. 'snail'*)	@ (at)
cliccare	to click
clicca qui	click here (internet tends to use the *tu* form)
visualizza	view
la tastiera	keyboard
il tasto	key (i.e. of keyboard)
il 'mouse'	mouse
trascina	drag
il cursore	cursor
lo schermo	screen
anteprima di stampa	print preview
stampa	print
la stampante	printer
stampante a getto d'inchiostro	ink-jet printer
laser	laser printer
modifica	edit
inserisci	insert
indietro	back
apri / chiudi	open / close
salva / cancella	save / delete
taglia / incolla	cut / paste
strumenti	tools
imposta pagina	page layout
controllo ortografia e grammatica	spelling and grammar check
conteggio parole	word count
navigare	to surf
cerca / ricerca	search
scaricare	to download
scaricabile	downloadable
un aggeggio / gadget	a gadget
miniaturizzare	to miniaturise
ADSL	broadband
crollare / bloccarsi	to crash

il computer oggi è alla portata di tutti	the computer today is within everyone's reach
chiunque può adoperarlo a livello elementare	anyone can use it at the elementary level
anche i bambini sono spesso molto esperti	even children are often very expert
si possono fare molti giochi al computer	you can play a lot of games on the computer
puoi mandare delle e-mail	you can send emails
puoi fare delle compere sull'internet	you can make purchases using the internet
ci sono molti siti chat	there are a lot of chat sites
ma bisogna andare cauti	but you have to be careful
non si sa mai con chi si sta parlando	you never know who you are talking to
però tra / fra amici va tutto bene	however among friends it's alright
aiuto! il computer si è bloccato	help! the computer has crashed
è andato in tilt	it has gone haywire (derives from the pinball machines which flashed 'tilt' and crashed when the table was shaken too much)
l'informatica ha rivoluzionato il mondo – come?	information technology has revolutionised the world – how?
rendendolo più piccolo?	making it smaller?
rende più facile lo scambio di informazioni	it makes it easier to share information
aumenta l'immediatezza delle notizie	it increases the speed (immediacy) of news
ci permette di scavare / frugare negli archivi di tutto il mondo	it enables us to dig into the archives of the whole world
doveva segnare la fine del dominio della carta	it was to have marked the end of the dominance of paper
invece? cosa ne pensa?	but has it? what do you think?
nasconde qualche insidia?	are there some dangers lurking within it?
può essere uno strumento di corruzione in certe mani?	can it be an instrument of corruption in certain hands?
si presta facilmente a frodi finanziarie	it lends itself easily to financial fraud
come attestano attualmente le banche	as the banks are currently witnessing
persino la privacy può essere a rischio	even one's privacy can be at risk
in ogni caso ci sarebbero più pro che contro	in any case there are probably more pros than cons
più vantaggi che svantaggi	more pluses than minuses / advantages than disadvantages
oggi tutto è computerizzato	today everything is computerised

la gente non sa più fare i calcoli a memoria	people can't do mental arithmetic any more
riponiamo forse troppa fiducia nei computer?	do we perhaps put too much faith in computers?
ci fidiamo troppo di loro?	do we trust them too much?
come se non potessero mai sbagliare	as though they could never be wrong
i gadget vengono miniaturizzati sempre di più	gadgets are ever more miniaturised
diventano ogni giorno più piccoli	they get smaller every day
ci sono computer che stanno nel palmo della mano	there are computers that fit into the palm of the hand
sull'internet si può fare di tutto	on the internet you can do anything
incluso giocare d'azzardo 'online'	including gambling online
è esploso pure lo shopping online	even shopping online has boomed
la compravendita all'asta tramite eBay è diventata una passione per molti	buying and selling by auction using eBay has become a passion for many people
tutto è scaricabile, persino foto e video	everything is downloadable, even photos and videos
che posto c'è per il fattore umano?	what room (place) is there for the human factor?

3   I rapporti umani

3.1 Infanzia   *Infancy*

3.1.1 La gravidanza   *Pregnancy*

nel sesto mese di gravidanza	in the sixth month of pregnancy
essere incinta	
risultare incinta }	to be pregnant
rimanere incinta	
l'ostetrico / l'ostetrica	obstetrician
la levatrice / l'(infermiera) ostetrica	midwife
la nascita	birth
l'atto / il certificato di nascita	birth certificate
l'indice (*m*) / il tasso di natalità	birth rate

3.1.2 Partorire   *To give birth*

il parto	birth (i.e. the act of giving birth)
un parto senza complicazioni	a birth without complications
il lieto evento	the happy event
dare alla luce	to give birth

3.1.3 Il neonato   *The newborn, new baby*

un maschietto	a baby boy, little boy
una femminuccia	a baby girl, little girl
il / la lattante	breast-fed baby
i pannolini	nappies, diapers
gli assegni familiari	family benefit; child allowance
i gemelli / le gemelle	twins
figlio unico / figlia unica	only child
il battesimo	baptism, christening
la prima comunione	first communion
la cresima	confirmation
birichino/a	mischievous, impish
un piccino / una piccina, un/a piccinino/a	a little one, child, etc.

3.1.4 Coccolare   *To cuddle*

baciare	to kiss
abbracciare	to embrace
viziare	to spoil
cocco di mamma (*fam.*)	mummy's boy

ha partorito	she has given birth
ha avuto un bambino	she has had a baby
ha dato alla luce	she has given birth to, has had
un bel maschietto dopo la piccola femminuccia	a lovely little boy after the little girl
sarà un birichino come la sua sorellina	he'll be a little rascal like his sister
il parto non è stato difficile ... meno male	the birth was not difficult ... just as well
c'è molto da preparare quando c'è un neonato in casa	there's a lot to prepare when there's a new baby in the house
bisogna comprare i pannolini	one has to buy nappies
e poi c'è tutto il mobilio per la camera da letto del bambino	then there is all the furniture for the baby's bedroom
gli alimenti speciali per bambini	special baby food
a parte la spesa in soldi c'è anche la spesa in energia	besides the financial expense there is also the expense of energy
non quella elettrica, ma quella fisica e psicologica	not electrical energy, but physical and psychological
addio sonno profondo – torna presto!	farewell deep sleep – come back soon!
cosa stanno combinando quei bambini?	what are those children getting up to?
si vede che sono viziati	you can see they are spoiled
si dice che l'infanzia sia il periodo più bello della vita	they say that childhood is the best time of one's life
dovrebbe esserlo, ma in molti casi purtroppo non è così	it ought to be, but in many cases sadly it is not like that
in molti paesi poveri c'è un indice di mortalità infantile elevato	in many poor countries there is a high infant mortality rate
dovuto a pessime condizioni di vita e alla malnutrizione	due to terrible living conditions and malnutrition
ma più spesso i bambini sono coccolati e talvolta anche viziati	but more often children are cuddled and sometimes spoiled
quando cominciano a crescere vengono le feste da celebrare	when they start to get older, along come all the special occasions to be celebrated
come i compleanni, la prima comunione, la cresima e via discorrendo	such as birthdays, first communion, confirmation, and so on

3.2 Vita familiare *Family life*

3.2.1 La famiglia *Family*

il nucleo familiare	the family; family unit
il capofamiglia	head of the household
i familiari	family members
i genitori	parents
i parenti	relatives (it never means 'parents')
la parentela	relationship (in the family sense; can also be used as a collective noun for *parenti*)
i legami di parentela ⎫ famiglia ⎬	family relationships
la parentela fra le lingue latine	the relationship between the Latin / Romance languages
i nonni	grandparents
gli zii	uncles and aunts
il / la nipote	nephew / niece; grandson / granddaughter (this can be clear from the context, but is sometimes ambiguous and needs further clarification, e.g. *mio nipote, cioè il figlio di mia sorella*)
il nipotino / la nipotina	grandson / granddaughter (there is no ambiguity when the diminutive is used – it always stands for 'grandchildren')
i nipotini	grandchildren
il suocero / la suocera	father-in-law / mother-in-law
il genero	son-in-law
la nuora	daughter-in-law
scapolo (*adj and noun* lo)	bachelor; unmarried (male)
nubile (*adj and noun* la)	single woman; unmarried (female), (but not used much now outside official documents; the more current expression is *single*, e.g. *'Sei sposata?' 'No, sono single'*)
i vecchi, gli anziani	old people, the elderly
la donna di servizio ⎫ la colf (*abbrev.* collaboratrice familiare) ⎬	home help
sposarsi con qualcuno ⎫ sposare qualcuno ⎬	to marry someone
ha sposato Marco ⎫ si è sposata con Marco ⎬	she married Marco

lo sposo (il marito)	bridegroom (husband)
la sposa (la moglie)	bride (wife)
gli sposi, i coniugi	bride and groom, married couple
il testimone	best man
i chierichetti	altar boys
il matrimonio (la ceremonia del)	the wedding
la fede	the wedding ring
il viaggio di nozze } la luna di miele }	honeymoon
la lista di nozze	wedding gift list
la coppia di fatto	'de facto' couple (unmarried couple)
divorziare (il divorzio; divorziato/a)	to divorce (divorce; divorced)
separarsi (la separazione; separato/a)	to separate (separation; separated)
affidare	to grant / award custody (i.e. of child)
la figlia affidata al padre	custody of the daughter awarded to the father
il compleanno	birthday
l'onomastico	name day; saint's day
la data di nascita	date of birth
compiere gli anni	to have a birthday

3.2.2 L'abitazione *Housing*

una casa (villetta) unifamiliare	detached house
l'appartamento	flat, apartment
il palazzo	building; block of flats (not necessarily a palace)
in affitto	rented
affittare	to rent
affittasi; vendesi (*plurals:* affittansi; vendonsi)	for rent; for sale (as printed on adverts and notices)
il mutuo	mortgage
il prestito bancario	bank loan
appartamento di cinque vani / di cinque locali	five-room apartment / flat
due camere, cucina e bagno	two bedrooms, kitchen and bathroom
tre locali più servizi	three rooms plus kitchen and bathroom
doppi servizi	two bathrooms
il salotto / (sala di) soggiorno	sitting room / living room
l'ingresso	hallway (entrance)
la sala da pranzo	dining room
il box	lock-up garage

i legami di famiglia sono ancora forti in Italia	family relationships are still strong in Italy
la famiglia mangia insieme attorno alla tavola	the family eat together at the table
è bello fare una festa in famiglia	it's nice to have a family party
per festeggiare un compleanno	to celebrate a birthday
o qualcos'altro	or something else
se l'appartamento è troppo piccolo si va al ristorante	if the flat is too small they go to a restaurant
se la casa ha il giardino si mangia all'aperto	if the house has a garden they eat outside
noi abitiamo in una casa unifamiliare	we live in a detached house
noi invece siamo in un appartamento di quattro locali più servizi	we, on the other hand, are in a flat with four rooms plus kitchen and bathroom
abbiamo anche un box	we also have a lock-up (garage)
la mia amica compie gli anni il mese prossimo	my friend has a birthday next month
siamo parenti per via dei nonni	we're related through our grandparents
tutta la parentela sarà alla festa	all the relatives will be at the party
quand'è il tuo compleanno?	when is your birthday?
il primo luglio	the first of July
e l'onomastico?	and your name day?
mi chiamo Giuseppe, dunque il diciannove marzo, festa di San Giuseppe	I'm called Giuseppe, so the 19th of March, St Joseph's day
il nucleo familiare ricopre un ruolo molto importante nella società italiana	the family unit plays an important role in Italian society
anche se, con le pressioni della vita moderna, sta perdendo importanza	even if, with the pressures of modern life, it is losing ground
gli studenti tendono a rimanere a casa invece di andare a vivere da soli	students tend to live at home instead of setting up on their own
sarà per una questione di costi	it is probably down to expense
giacché spetta ai genitori sobbarcarsi (assumersi) gran parte delle spese per gli studi	since it is up to the parents to take on most of the educational expenses
ma ai giovani piace stare nella casa familiare	but the young people like staying in the family home
per loro è una cosa normalissima, al contrario dell'atteggiamento nei paesi del nord	for them it's a very normal thing, as opposed to the attitude in the northern countries
certo ci sono delle eccezioni, delle famiglie in cui genitori e figli non vanno d'accordo	of course there are quite a few exceptions, families in which parents and offspring don't get on

in quei casi allora può darsi che
un figlio (o una figlia) scappi via
ma forse dopo torna a casa come
il figliol prodigo

in those cases it may be that a
son (or daughter) runs away
but he or she may come back home
afterwards like the prodigal son

3.3 Funerali

Funerals

l'atto di decesso	death certificate
la morte	death
il trapasso / la dipartita	death (poetic)
la scomparsa	death (euphemistic, i.e. 'disappearance')
il defunto, il deceduto, lo scomparso	the deceased (person)
morire	to die
mancare (venire a mancare)	to die, pass away (euphemistic)
il caro estinto	the dear departed
il compianto...	the late lamented...
il compianto collega	late colleague
mio povero marito	my late husband (more familiar than *compianto*)
mia zia, buon'anima	my late aunt (lit. 'my aunt, God rest her soul')
il vedovo / la vedova	widower / widow
la signora Martini, vedova Rossi	Mrs Martini (i.e. her own name) widow of Rossi (in official documents the woman is known by her maiden name)
il fu Signor X	the late Mr X (bureaucratic language)
le pompe funebri	undertakers
il funerale / i funerali	funeral (either singular or plural can be used)
la bara, il feretro	coffin
parato a lutto	draped in black
il lutto	mourning
la corona	wreath
i crisantemi	chrysanthemums
la camera ardente	chapel of rest, funeral chamber
la veglia (funebre)	wake
il cimitero (il camposanto)	cemetery
il crematorio	crematorium
la tomba	grave; tomb
la lapide	gravestone
fare le condoglianze a qualcuno	give one's condolences to someone
il cordoglio	grief; mourning
un lutto in famiglia	a death in the family
chiuso per lutto	closed for bereavement

superare lo choc	to get over the shock
il cimitero	cemetery
seppellire, sotterrare, interrare	to bury
sepolto	buried
la sepoltura	burial
il corteo (funebre)	cortege
la messa da requiem	requiem mass
il patrimonio	inheritance
l'eredità	legacy; inheritance
lasciare in eredità	to leave as a legacy; leave in a will
gli eredi	the heirs
il testamento	the will
il giorno dei morti (2 novembre)	All Souls' Day (2 November) (remembrance day of the dead)

un funerale è sempre un'occasione triste	a funeral is always a sad occasion
il corteo sfila per le vie	the cortege winds through the streets
a passo d'uomo	at walking pace
qualche autista s'arrabbia per la lentezza	the occasional car driver gets angry at the slowness
poi pensa: 'potrei esserci io'	then he thinks: 'that could be me there'
vengono tutti i parenti e gli amici stretti	all the relatives and close friends come
con l'abito nero, portando il lutto	wearing black clothes / mourning
o per lo meno mettono la cravatta nera	or at least they put on a black tie
si piange per il caro estinto	they weep for the dear departed
si depone una corona sulla tomba	they lay a wreath on the grave
e si pensa al testamento	and think of the will
poi fanno le condoglianze	then they give their condolences
e lasciano la famiglia al suo cordoglio	and leave the family to their grief
i funerali hanno forme diverse in paesi diversi	funerals take different forms in different countries
ma sono sempre manifestazioni solenni (di una certa solennità)	but they are always solemn occasions (of some solemnity)
nonostante la tristezza dell'occasione	despite the sadness of the event
in alcuni paesi la veglia tradizionale viene passata in un'atmosfera di convivialità	in some countries the traditional wake takes place in an atmosphere of conviviality
è duro quando ci viene a mancare una persona cara	it is hard when you lose someone dear to you
talvolta è difficile superare lo choc	it is sometimes difficult to get over the shock
se si è circondati dalla famiglia il dolore può essere attutito / alleviato / ridotto	if someone has the family around, the pain can be softened / lessened / reduced

ci sono sempre le pratiche
    ufficiali da sbrigare
per non parlare delle procedure
    relative al patrimonio
la vita è difficile, ma non è che
    la morte sia facile
è tradizione andare al cimitero
    nel giorno dei morti
si depongono fiori sulle tombe
    dei familiari
siccome è novembre i fiori sono
    per lo più crisantemi
perciò non si portano mai i
    crisantemi quando si va in
    visita a degli amici
l'associazione con il cimitero è
    troppo presente

there are always the official
    procedures to deal with
not to mention the procedures
    regarding the estate
life is difficult, but that's not to say
    that death is simple
it is traditional to visit the cemetery
    on All Souls' Day
flowers are laid at the graves of
    family members
since it is November the flowers
    are mostly chrysanthemums
so you never take chrysanthemums
    when you go visiting friends

the association with cemeteries is
    too evident

4

Cibo, Dieta, Salute

4.1 In cucina

In the kitchen

4.1.1 A tavola!

Dinner (or any meal) is ready!
(lit. 'come to the table!')

sedersi a tavola	to sit down at the table
sediamoci mettiamoci a tavola }	let's sit down at the table
apparecchiare	to lay the table
sparecchiare	to clear the table
le posate	cutlery
il coltello	knife
la forchetta	fork
il cucchiaio	spoon
il cucchiaino	coffee spoon / teaspoon
il bicchiere	glass
le stoviglie, i piatti	crockery, the dishes
la lavastoviglie, la lavapiatti	dishwasher
lavare i piatti / le stoviglie	to wash the dishes
il tovagliolo	napkin, serviette

4.1.2 Il pasto

Meal

un pasto abbondante	a hearty meal
la colazione	breakfast (but can sometimes mean 'lunch' e.g. colazione di lavoro – 'working lunch')
fare colazione	to have breakfast
il pranzo	lunch (i.e. the main meal of the day, but can also mean 'dinner')
dopo pranzo	after lunch
dopo pranzo mi faccio un pisolino / un sonnellino / una dormitina	after lunch I have a nap
la cena	dinner, supper (i.e. evening meal)
la merenda	afternoon snack / picnic lunch
lo spuntino	snack
fare uno spuntino	to have a snack (at any time)

l'antipasto / gli antipasti	starter(s), *hors d'oeuvre(s)* (i.e. before the *pasto* – 'meal', not before the pasta!)
il primo (piatto)	first course
il secondo / piatto principale	second / main course
la pietanza	dish, main dish
il dolce	dessert, sweet
il sugo	sauce (for pasta)
la salsa	sauce (in the more general sense)
l'insalata	salad
la verdura	green vegetables
il contorno	side dish
olio e aceto (*or* olio e limone)	oil and vinegar (or 'oil and lemon', i.e. salad dressing)
la carne alla griglia ⎫ alla brace ⎭	grilled meat
con contorno di patate	with potatoes
una grigliata di pesce	a mixed grill of fish
al forno	in the oven; baked
infornare	to put into the oven
l'arrosto	roast
friggere, fritto	to fry, fried
la frittata	omelette
'la frittata è fatta!'	the damage has been done

4.1.3 Gli elettrodomestici — *Kitchen appliances*

il forno a microonde	microwave oven
a legna	wood-burning oven
elettrico / a gas	electric / gas (oven)
un microonde (*fam.*)	a microwave
cuocere al microonde	to microwave
una teglia per (forno a) microonde	a microwave-proof dish
cuocere a vapore	to steam cook
la batteria da cucina	pots and pans
la pentola	saucepan, pot
una pentola a pressione	a pressure cooker
un frullatore	a mixer, liquidiser, blender
la piastra	(cooking) ring; hot plate; hob
piano di cottura	hob
cucina (piastra) elettrica	electric hob
a gas	gas hob
a induzione	induction hob
la padella	frying pan
un tegame (una casseruola)	a pan, casserole

bollire (l'acqua sta bollendo)	to boil (the water is boiling)
fare bollire (l'acqua)	to boil (the water)
portare a ebollizione	to bring to the boil
abbassare la fiamma	to lower the flame (the gas / the heat)

è bello sentire il grido 'a tavola!'	it's nice to hear the call 'come to the table!'
vuol dire che siamo pronti a mangiare	it means that we are ready to eat
mi piace il pollo arrosto con le patate	I like roast chicken with potatoes
e una bella insalata condita con olio e aceto	and a nice salad dressed with oil and vinegar
la pietanza è arrosto di vitello	the main course is roast veal
abbiamo anche dei piatti di pesce	we also have fish dishes
a casa nostra abbiamo una cucina moderna	in our house we have a modern kitchen
che fa piacere alla padrona di casa perché è una brava cuoca	which pleases the lady of the house because she is a good cook
cucina tutti i piatti tradizionali italiani	she cooks all the traditional Italian dishes
le manca (non ha) un forno a legna	she doesn't have (lacks) a wood-fired oven
che oggi si trova solo nelle pizzerie	which today is only to be found in pizzerias
ma possiede tutti gli elettrodomestici per la vita moderna	but she possesses all the electrical appliances for modern living
l'arte della buona cucina è ancora viva in Italia	the art of good cooking is still alive in Italy
si dice che la salute comincia in cucina	they say that good health begins in the kitchen
ma anche le cattive abitudini	but also bad habits
gli italiani sono molto attaccati alla loro cucina regionale	Italians are very attached to their own regional cooking
i ristoranti cinesi e indiani si possono trovare nelle grandi città	you can find Chinese and Indian restaurants in the big cities
ma non tanti come in Inghilterra	but not as many as in England
il ritmo della vita moderna ha favorito il diffondersi del fast food	the pace of modern life has encouraged the spread of fast food
ma il pasto tradizionale di primo, secondo, insalata e frutta resiste ancora	but the traditional meal of first course, second course, salad and fruit is still strong

www.gamberorosso.it	*Site devoted to Italian food and cooking.*
www.laprovadelcuoco.rai.it	*Site devoted to the TV programme (a kind of* Ready, Steady, Cook! *but broader in scope).*

4.2 La dieta   *Diet*

la bilancia	the scales
il latte intero	whole milk
il latte scremato	skimmed milk
il latte parzialmente scremato	semi-skimmed milk
il calcio	calcium (not 'football' in this context)
la proteina	protein
la vitamina	vitamin
la caloria	calorie
a calorie ridotte	with reduced calories
i generi alimentari	foodstuff(s)
i cibi sani	healthy food
il pane integrale	wholemeal bread
nutrirsi di	to feed on
agricoltura biologica	organic farming
prodotti biologici (*commonly* prodotti bio)	organic products
bevande zuccherate	sugared (sweetened) drinks
le bibite gassate	fizzy drinks
gli alcolici	alcoholic drinks
un analcolico	a non-alcoholic drink
la materia / sostanza grassa	fatty material / substance
i grassi	fats
snello/a	slim
snellire	to slim down; streamline
snellire i fianchi	to slim down the hips
magro/a	thin (of persons); lean (of food)
l'obesità	obesity
il sovrappeso	overweight
essere in sovrappeso	to be overweight
dimagrire	to slim
seguire una dieta dimagrante	to follow a slimming diet
essere a dieta / fare la dieta	to be on a diet / to be dieting
qualche chilo di troppo / in meno	a few kilos too many / less

4.3 Il benessere   *Fitness and wellbeing*

esercitarsi	to work out, exercise
allenarsi	to work out, train
l'attività fisica	physical exercise
fare il jogging } footing	to go jogging
esercizi anti-tensione	stress-reducing exercises
distendersi / rilassarsi	to relax
fare un po' di relax	to do some relaxation / to relax

la fisioterapia	physiotherapy
il / la fisioterapista	physiotherapist
l'idroterapia	hydrotherapy
il massaggio	massage
il massaggiatore / la massaggiatrice	masseur / masseuse
la sauna	sauna
l'aerobica	aerobics
la postura / posizione del corpo	posture
gli esercizi di respirazione	breathing exercises
ritagliarsi uno spazio di tempo	to set aside some time
la 'ginnastica da scrivania'	exercises at the desk (i.e. seated aerobics)
sciogliere la tensione	to ease tension
essere (sentirsi) in forma	to be (feel) fit; be in shape
la palestra	gym
andare in palestra	to go to the gym

peso troppo	I weigh too much / I'm too heavy
sono ingrassato/a molto durante le vacanze	I put on a lot of weight in the holidays
ho paura di guardare la bilancia	I'm afraid to look at the scales
non dire sciocchezze	don't talk nonsense
non è vero che sei ingrassato/a – anzi, per me sei dimagrito/a	it's not true that you've put on weight – on the contrary, I think you've slimmed down
devo andare in palestra	I must go to the gym
a fare un po' di esercizio fisico	to do some exercise
così mi sentirò meglio	in that way I'll feel better
anche il nuoto fa bene	swimming also does you good
ma non ho tempo di andare in piscina	but I haven't got time to go to the swimming pool
dovrò fare / seguire una dieta rigorosa	I'll have to go on (follow) a strict diet
abolendo i cibi grassi per ridurre le calorie	cutting out (abolishing) fatty foods to reduce calories
per mantenersi in buona salute è importante nutrirsi di cibi sani	to keep in good health it is important to eat healthy food
privilegiare i piatti magri a scapito dei cibi grassi	give priority to lean dishes rather than fatty foods
in tutto l'occidente c'è una crescente obesità	throughout the West obesity is on the increase
sembra un gioco di parole	that looks like a pun (a play on words)
ma è una grossa preoccupazione per i servizi sanitari	but it is a big worry for the health services
difficile evitare questi giochi di parole	difficult to avoid these puns

ci sono molti consigli su come seguire una dieta sana	there is a lot of advice on how to follow a healthy diet
i supermercati sono pieni di prodotti a basso contenuto di grassi	the supermarkets are full of low-fat products
accanto ad altri che sono il contrario	next to others which are the opposite
la dieta di per sé non basta	dieting on its own is not enough
bisogna fare un po' di attività fisica per sentirsi bene	you need a to take a bit of exercise to feel well
altrimenti si rischia di finire all'ospedale	otherwise you run the risk of ending up in hospital
ricoverato al reparto di cardiologia	admitted to the heart unit
nella peggiore delle ipotesi	in the worst case scenario / if the worst comes to the worst
per essere più ottimisti	to be more optimistic
forse non troverai più vestiti che ti stiano / vadano bene	maybe you'll no longer find clothes that fit you
a pensarci bene	come to think of it
forse è questo lo stimolo più potente	perhaps this is the most powerful stimulus

4.4 La salute — *Health*

4.4.1 Dal dottore — *At the doctor's*

il medico / il dottore	doctor
la clinica	clinic
lo studio medico	doctor's surgery; clinic
una visita (medica)	a (medical) examination
farsi visitare	to see a doctor (have an examination)
sentirsi bene	to feel well
essere in buona salute	to be in good health
stare bene / male	to be well / unwell
meglio / peggio	better / worse
sta migliorando / peggiorando	he / she is improving / worsening
un'iniezione (f), una puntura	injection, jab
la siringa (siringhe)	syringe(s)
svenire	to faint
perdere i sensi / conoscenza	to lose consciousness
riprendere i sensi / conoscenza	to regain consciousness

4.4.2 La farmacia

Chemist's, pharmacy

il (la) farmacista	chemist, pharmacist
il farmaco	medicine, medication, drug
la pillola, la compressa	pill, tablet
il cachet (*French pronunciation*)	painkiller
un cachet per il mal di testa	a headache tablet
la pastiglia	pastille
il cerotto	sticking plaster
ha il dito incerottato	he / she has a sticking plaster on his / her finger
i punti di sutura	stitches

4.4.3 Una malattia

An illness / ailment

un raffreddore	a cold
prendere un raffreddore / raffreddarsi	to catch a cold
ho il raffreddore ⎫ sono raffreddato ⎭	I've got a cold
l'influenza	influenza, flu
il virus	virus
un'infezione virale	a viral infection
malattie infettive	infectious diseases
le malattie dell'infanzia	childhood ailments
la varicella	chicken pox
il morbillo	measles
la rosolia	German measles
gli orecchioni	mumps
la pertosse	whooping cough
la stitichezza (*adj.* stitico/a)	constipation (adj. constipated)

4.4.4 All'ospedale

At the hospital

un consulto	a consultation
lo specialista ⎫ il professore ⎭	specialist
il chirurgo	surgeon
il cardiochirurgo	heart surgeon

4.4.5 La chirurgia

Surgery (the profession, not the building, which is studio medico)

la chirurgia plastica / estetica	plastic / cosmetic surgery
un intervento (chirurgico)	a (surgical) operation
fare un intervento / operare	to carry out an operation / operate
subire un intervento } essere operato/a	to have (undergo) an operation
andare sotto i ferri	to be operated on, go under the knife
l'ospedale	hospital
ricoverare	to admit (to hospital)
essere ricoverato/a	to be admitted to hospital
guarire	to recover, get better
farcela	to make it; come through; get better
ce la farà?	will she (he) make it? will she (he) be all right?
l'ammalato, il paziente	the patient
il pronto soccorso	accident and emergency unit (A&E)
la sala operatoria	operating theatre
la sala rianimazione	resuscitation room
il reparto di rianimazione	intensive care unit
l'ambulanza, l'autoambulanza	ambulance
il reparto di cardiologia	cardiac unit
un infarto	a heart attack
ha subito / avuto un infarto } è stato colpito da un infarto	he suffered a heart attack
il trapianto	transplant
un trapianto di reni	a kidney transplant
cuore	a heart transplant
fegato	a liver transplant

4.4.6 L'infermeria

Infirmary, sick bay

l'infermiere, infermiera	nurse
il reparto	ward
reparto d'isolamento	isolation ward
la cura	treatment
fare un prelievo di sangue	to take a blood sample
l'analisi / l'esame del sangue	to do a blood analysis
una provetta (*fam.*) / dare un campione (di urina)	to give a (urine) sample
la provetta	test-tube
il gesso	plaster

mi sento poco bene	I don't feel very well
devo andare dal dottore	I must go to the doctor's
forse ti basterà prendere qualche compressa in farmacia	maybe all you need is to get a few pills from the chemist's
ho sentito la sirena di un'ambulanza	I heard an ambulance siren
non ti preoccupare – non è per te!	don't worry – it's not for you!
sarà per qualche disgraziato/a	it will be for some unfortunate
che deve andare in ospedale	who has to go to hospital
tu non sei ammalato/a	you are not ill
hai solo un po' di raffreddore	you've only got a bit of a cold
fu/è stata ricoverata d'urgenza	she was rushed to hospital
fu/è stato portato al pronto soccorso	he was taken to the A&E unit
è stato operato ha subito un intervento }	he was operated on, had an operation
è ancora in prognosi riservata	he is still on the critical list (lit. 'prognosis delayed' – i.e. can't tell yet)
difficile dire se ce la farà o no	hard to say if he will make it or not
ha la tosse? La sento tossire abbastanza	have you got a cough? I can hear you coughing quite a lot
credo che mi stia venendo l'influenza	I think I'm getting the flu
ah sì – le donne prendono il raffreddore ma gli uomini hanno sempre l'influenza!	ah yes – women catch colds but men always have the flu!
quando non si lamentano di avere l'indigestione	when they're not complaining of indigestion
si è fatta visitare dallo specialista	she got herself examined by the specialist
siccome non guariva fu/è stata ricoverata in ospedale	since she was not getting better she was taken to hospital
quando uno viene colpito da un infarto	when someone has a heart attack
viene portato subito al pronto soccorso	he is taken straight away to the accident and emergency unit
se la persona ha perso conoscenza va prima di tutto in sala rianimazione	if the person has lost consciousness he goes first of all to the resuscitation room
le vittime di gravi incidenti stradali spesso hanno bisogno di interventi chirurgici	victims of serious road accidents often need surgical operations

l'intervento ha avuto un esito felice / è andato bene	the operation was successful
si è rotto la caviglia	he broke his ankle
ha la caviglia rotta ingessata	his ankle is in plaster
ne avrà per un mese	it will take a month (to heal)
dopo potrà farsi togliere il gesso	then he can have the plaster (taken) off
e ce la farà a riprendere a correre	and he'll be all right to start running again

www.italiasalute.it	*A wide-ranging website encompassing most branches of medicine and including diet, fitness, well-being, aimed at the general public.*

5

Tempo libero

5.1 Gli svaghi *Recreation*

divertirsi	to enjoy oneself
divertirsi un mondo	to have a great time
divertente	enjoyable, amusing
uno svago, un passatempo, un hobby	pastime, hobby, recreation
lo faccio per svago	I do it for relaxation / to pass the time
svagarsi	to relax; amuse oneself
rilassarsi (un po')	to relax (a little)
fare un po' di rilassamento } 'relax' }	to have (take) some relaxation
distrarsi (mi distraggo)	to take one's mind off; have a break
passare il tempo	to pass the time
a tempo perso	in one's spare time
staccare la spina	to switch off, take a break

mi piace divertirmi il fine settimana
     uscire con gli amici
	I like to enjoy myself at the weekend
	     going out with my friends

passo il weekend in compagnia	I spend the weekend with a group of friends
ad ascoltare (la) musica	listening to music
ho un amico che suona la chitarra	I have a friend who plays the guitar
e un altro che suona la batteria	and another who plays the drums
è un batterista molto bravo	he's a very good drummer
mi è piaciuto il film di ieri sera	I enjoyed the film last night

andare al cinema è uno dei miei
     svaghi preferiti
	going to the cinema is one of my
	     favourite pastimes

l'altro è non fare niente	the other is doing nothing
si chiama pigrizia	it's called laziness
o, con più eleganza, staccare la spina	or, more elegantly, switching off

**mi diverto a curiosare in un negozio
     di antiquariato**
	I enjoy browsing around an
	     antiques shop

lo faccio a tempo perso	I do it in my spare time
nei ritagli di tempo	in the odd time available
trascorrere il tempo libero	to spend one's free time
usufruire del tempo libero	to use / make use of one's free time

**il modo di trascorrere il tempo
     libero è cambiato e si è evoluto**
	the way in which leisure time is
	     used has changed and evolved

**non è più questione soltanto di
     riposare dopo le ore di lavoro**
	it's no longer a question of simply
	     resting after working hours

la gente vuole fare delle cose positive	people want to do positive things
radunarsi tra / trovarsi con amici	get together with friends
mangiare fuori / al ristorante	eat out / in a restaurant
poi andare in palestra a smaltire i chili	then go to the gym to shed the kilos
seguire corsi di interesse artistico o culturale	go to art or culture classes
scoprire interessi più svariati	discover more varied interests
fare qualche sport	take part in some sport

5.2 Gli sport · *Sports*

praticare uno sport	to play a sport
gareggiare	to compete
la prestazione / il rendimento	performance
il giocatore / la giocatrice	player
giocare a ... (calcio, tennis, ecc.)	to play ... (football, tennis, etc.)

5.2.1 La maglia · *Shirt (i.e. sports or team top)*

i calzoncini / i pantaloncini	shorts
i calzini	socks (normal)
i calzettoni	socks (sports)
le scarpette	shoes

5.2.2 La società · *Club*

la squadra	team
la rosa	the squad (i.e. from whom the team is picked)
allenarsi	to train
l'allenamento	training
l'allenatore	coach

5.2.3 L'arbitro · *Referee, umpire*

il / la guardalinee	linesman/woman
il fischietto	whistle (also used as a jargon term for 'referee' in football)
la terna arbitrale	officials (the referee and the two linesmen)
fischiare	to whistle (also 'to boo')
fischiare (accordare, assegnare) un fallo	to whistle (give, award) a foul

5.2.4 La gara, la partita   *Match*

la tribuna	stand
la tribuna d'onore	VIP stand; directors' box
le gradinate / gli spalti	terracing, terraces
i tifosi, i sostenitori	fans, supporters
giocare in casa	to play at home
trasferta	away from home
la gara di andata	away leg / first leg
ritorno	home leg / return leg
vincere la partita (partita vinta)	to win the match (match won)
perdere la partita (partita persa)	to lose the match (match lost)
pareggiare	to draw
giocare per il pareggio	to play for the draw
lo spareggio	play-off
sorteggiare	to draw (i.e. draw out of the hat to select pairings, etc.)
il sorteggio	draw (in the above sense)
la vittoria / la sconfitta	win / defeat
primo tempo	first half
secondo tempo / la ripresa	second half
al decimo della ripresa	in the tenth minute of the second half (i.e. after the restart)
i tempi supplementari	extra time
il punteggio	score
il risultato	result
segnare (un punto / un gol)	to score (a point / a goal)
una rete (*also* un gol)	a goal (in football) (*rete* means 'net')
il fiato	breath
rifiatare	to take a breather / get one's breath back

5.2.5 Il calcio   *Football (soccer)*

il pallone	ball
il portiere	goalkeeper
i difensori (i terzini)	defenders (full-backs)
i centrocampisti (mediani)	midfielders (half-backs)
il regista	playmaker
gli attaccanti (le punte)	forwards
le fasce (le ali)	flanks (the wings, wingers)
il marcatore, il bomber, il realizzatore	goal-scorer
tirare in porta	to shoot at goal
il tiro	shot

il pallonetto	lob
il tiro a volo	volley
la rovesciata	overhead kick
la porta	goal (mouth)
lo specchio della porta	frame of the goal
la traversa	crossbar
i pali	goalposts
un traversone (*also* un cross)	a cross
rimessa laterale (rimessa con le mani)	throw-in
rimessa dal fondo	bye-kick / goal-kick
calcio d'angolo (*also* un corner)	corner kick
(calcio di) rigore (*also* un penalty)	penalty kick
il dischetto	the penalty spot
l'area di rigore	the penalty area
il fallo	foul
il fuorigioco	offside
un colpo di tacco	a back heel
il contrasto	tackle
contrastare	to tackle
dribblare l'avversario	to dribble round (beat) an opponent
saltare l'uomo	to beat (go past) a man
fare una parata (parare)	to make a save (to save)
fare una finta (fintare)	to sell a dummy, make a feint (to dummy, feint)
abboccare la finta	to fall for the dummy, feint
lisciare, fare un liscio	to miskick
il cartellino giallo / rosso	the yellow / red card
essere espulso (l'espulsione)	to be sent off (the sending off)
i (campionati) mondiali (di calcio)	the football World Cup
il campionato (lo scudetto)	championship (the shield)
il tifoso / sostenitore	fan / supporter
i teppisti (il teppista) / gli ultrà	football hooligans

5.2.6 Il tennis   *Tennis*

il servizio (nel tennis)	service (in tennis)
diritto (colpo di diritto)	forehand (forehand stroke)
rovescio (colpo di rovescio)	backhand (backhand stroke)
la schiacciata (lo smash)	smash
il pallonetto	lob
il punto di vantaggio	advantage point
net	let
quindici pari	fifteen all
quaranta pari	deuce
il / la raccattapalle	ballboy/girl
zero	love (most other tennis terms retain the English)

5.2.7 L'atletica leggera   *Athletics*

gli assoluti di atletica leggera	national athletics championships
le olimpiadi i giochi olimpici }	the Olympics, Olympic Games
il campione olimpionico (*or* olimpico)	Olympic champion
la corsia	lane (in athletics and other races)
il circuito	running track ('horse-race track' is *l'ippodromo*)
il giro	lap; circuit
la corsa	race
la corsa a ostacoli	hurdle race
la corsa a staffetta	relay race
reggere fino in fondo	to go the distance, last the pace
il fondista	distance runner
il maratoneta	marathon runner
il velocista	sprinter
dare il via	to give the start
dare il segnale di partenza	give the starting signal
pronti ... via!	ready, steady, go!
via!	go!

5.2.8 Il ciclismo   *Cycling*

la tappa	stage
la corsa a tappe (nel ciclismo)	stage race (in cycling)
una tappa a cronometro	a stage against the clock, time trial
una tappa di montagna	a mountain stage
la salita	the climb
la salita ripida	steep climb
lo scalatore	climber (cycling)
il percorso	route
a saliscendi	undulating
l'arrivo in gruppo	mass finish
la volata	sprint
l'arrivo in volata	sprint finish

5.2.9 Il nuoto

Swimming

stabilire un record / un primato	to set a record
dorso (nuotare a dorso)	backstroke (to swim backstroke)
rana	breast stroke
stile libero	freestyle
farfalla	butterfly
il tuffo	diving
il trampolino	springboard
il tuffo dal trampolino	springboard dive

5.2.10 Altri sport

Other sports

la pallacanestro (il basket)	basketball
la pallavolo	volleyball
il rugby	rugby
una meta	a try
la mischia	scrum
il golf	golf
la mazza da golf	golf club (i.e. that you play with)
il circolo di golf	golf club (i.e. that you join)
il campo da golf	golf course
la buca	hole
il pallino	(golf) ball
il biliardo (or bigliardo)	billiards
la bilia (or biglia)	billiard ball
la stecca	billiard cue
lo sci	skiing
sciare	to ski
lo sci alpino	Alpine skiing
discesa libera	downhill (racing)
lo slalom	slalom
lo sci nordico / di fondo	cross-country skiing
fare lo sci / lo sciatore, la sciatrice	to ski / skier
lo snowboard	snowboard(ing)
il pattinaggio (su ghiaccio)	(ice) skating
l'hockey su ghiaccio	ice hockey
l'equitazione	riding
l'alpinismo	mountain climbing

lo sport più seguito in Italia è il calcio	in Italy the sport with the biggest following is football (soccer)
i tifosi fanno il tifo per la squadra del cuore	the fans support their (beloved) team
indossano i colori sociali	they wear the club colours
quando vanno a vedere la partita	when they go to watch the match
vogliono sconfiggere la squadra avversaria	they want to beat (defeat) the opposing team
per essere nel sorteggio per il prossimo girone della competizione	in order to be in the draw for the next round of the competition
un giocatore deve allenarsi bene	a player has to train well
altrimenti rimane fuori rosa	otherwise he is out of the squad
il tennis è uno sport individuale	tennis is an individual sport
donne e uomini possono giocare insieme al tennis	men and women can play tennis together
il basket (la pallacanestro) è anche molto diffuso/a	basketball is also very popular
specie (soprattutto) tra gli studenti	especially among students
il ciclismo è ancora molto diffuso	cycling is still very popular
c'è moltissimo interesse durante le grandi corse internazionali a tappe	there is tremendous interest during the big international stage races
come il Giro d'Italia e il Giro di Francia	such as the *Giro d'Italia* and the *Tour de France*
forse lo sport più praticato è il nuoto	maybe the sport with most participants is swimming
d'inverno moltissima gente va in montagna per fare lo sci	in winter very many people go to the mountains to ski
il rugby non è molto diffuso	rugby is not very widespread
nemmeno il golf, ma sta prendendo quota	neither is golf, but it's on the increase
però costa caro far parte di un circolo di golf	however, it costs a lot to join a golf club
problemi legati allo sport professionistico	problems related to professional sport
il professionismo può danneggiare lo sport?	can professionalism damage sport?
è una questione di immagine	it's a matter of (it's all about) image
lo sport come svago, o come business?	sport as leisure pursuit, or as business?
l'atleta come modello da seguire (il cosiddetto 'modello di comportamento')	the athlete as model to follow (the so-called 'role model')
la gente si allontana dagli stadi	the spectators are staying away from the grounds
scoraggiata dalla violenza di una minoranza dei tifosi	put off by the violence of a minority of the fans

mancano i parcheggi	there is a lack of parking space
il trasporto pubblico funziona a singhiozzo	public transport is irregular (a *singhiozzo* means 'in sobs', i.e. by fits and starts)
tutti questi disagi fanno passare la voglia di andare allo stadio	all these difficulties put people off the idea of going to the stadium
c'è anche il sospetto del doping	there is also the suspicion of drugs
e delle partite e corse truccate	and of 'fixed' matches and races
poi c'è il caroprezzi	then there are the high prices
che invoglia la gente a stare a casa a guardare la televisione	which make people want to stay at home and watch television
anche pagando l'abbonamento per il 'pay-per-view' costa meno che andare a vedere la partita allo stadio	even after paying the pay-per-view subscription it costs less than going to watch the match at the stadium
dove va a finire?	where will it end up?
ma lo sport è molto più che una fonte di guadagni	but sport is much more than a source of income
dovrebbe essere un elemento per favorire una vita sana	it ought to be an element in developing a healthy lifestyle
specie nella vita urbana, quando la gente fa poca attività fisica naturale	especially in city living when people take little natural exercise

www.gazzetta.it	*'La Gazzetta dello Sport' – the largest circulation Italian sports daily newspaper.*
www.figc.it	*The website for the Italian Football Association (Federcalcio).*
www.coni.it	*The national Olympic committee (CONI). Lists all the different sports federations and their websites.*
www.fidal.it	*Athletics federation website.*
www.federnuoto.it	*Swimming association website.*
www.federugby.it	*Rugby association website.*
www.federtennis.it	*Tennis association website.*

6

Trasporti, Viaggi, Turismo

6.1 Il trasporto aereo   *Air transport*

l'aereo	aircraft, plane
la linea aerea	airline
viaggiare in aereo	to travel by air
prendere l'aereo	to catch a plane
il volo charter	charter flight
l'accettazione	check-in
il bagaglio da imbarcare	luggage to be checked in
a mano	hand luggage
oggetti pericolosi	dangerous objects
il controllo di sicurezza	security check
l'attesa	the wait
la sala d'imbarco	departure lounge
arrivi / partenze	arrivals / departures
ritardi	delays
allacciare le cinture di sicurezza	fasten seat belts
divieto di fumare } vietato fumare }	no smoking
a bordo	on board
decollare	to take off
il decollo	take-off
il volo	flight
prendere il volo numero ...	to take flight number ...
volare	to fly
a quota ...	at a height of ...
atterrare	to land
l'atterraggio	landing
la pista	runway
la torre di controllo	control tower
un disastro aereo	plane crash
precipitato al suolo / in mare	crashed to the ground / into the sea
la scatola nera	the black box
i superstiti	the survivors

oggi tutti viaggiano in aereo	today everybody travels by air
è veloce ma non è più comodo	it's fast but it's no longer comfortable
c'è troppa gente, e poco spazio	there are too many people and little room

troppi ritardi e troppa attesa	too many delays and too much waiting
è scomodo e noioso	it is uncomfortable and boring
però è anche interessante	but it is also interesting
si può incontrare gente di tutto il mondo	you can meet people from all over the world
gli aeroporti sono anche centri commerciali	airports are also shopping malls
con ogni genere di negozi	with all types of shops
che ci fanno spendere molti soldi	which make us spend a lot of money
semplicemente per ingannare il tempo	simply to pass the time
abbiamo decollato con venti minuti di ritardo	**we took off twenty minutes late**
ma siamo atterrati in orario	we landed on time
i venti contrari ci hanno fatto ritardare	contrary winds made us late
causando anche qualche turbolenza	causing some turbulence as well
e qualche vuoto d'aria ...	and some air pockets ...
poi c'è stata una lunga attesa per ritirare i bagagli / le valigie	then there was a long wait to collect the luggage / suitcases
perciò è sempre meglio portarsi il bagaglio a mano dove possibile	so it's always better to take hand luggage wherever possible
il fuso orario	time difference
poi abbiamo sofferto il cambiamento di fuso orario	moreover we suffered from jet-lag
che ci ha fatto sentire a disagio	which made us feel uncomfortable
disagi negli aeroporti dovuti a uno sciopero dei controllori dei voli	difficulties at the airports due to a strike of air traffic controllers
aerei fermi a causa della (per la) nebbia	aircraft at a standstill because of fog
però quando tutto va bene è il modo migliore per coprire grandi distanze	but when everything goes well it's the best way to cover great distances

www.aeroporti.com	*All about airports and air traffic.*

6.2 Treni

Trains

Trenitalia (FS – Ferrovie dello Stato)	Italian state railway company
la rete ferroviaria	railway network
un biglietto di andata e ritorno	a return ticket
offerte vantaggiose / speciali	special offers
il TAV (treno ad alta velocità)	high-speed train
servizi per i disabili	services for the disabled
una comitiva scolastica	a school group
una comitiva aziendale	a company (business) group (party)
il binario	station platform
la carrozza / il vagone	the carriage

i treni moderni sono molto confortevoli	modern trains are very comfortable
sono veloci e silenziosi	they are fast and quiet
viaggiando in treno si può vedere il paesaggio	travelling by train you can see the countryside
si può mangiare a bordo con comodo	you can eat on board with no hurry
in treno si può passeggiare lungo il corridoio	on the train you can stroll along the corridor
è rilassante	it's relaxing
poi si arriva nel centro della città in centro in centrocittà	then you arrive in the city centre
al contrario dell'aeroporto che è sempre molto distante	as opposed to the airport which is always a long way away
nell'Ottocento le ferrovie rivoluzionarono il mondo	in the nineteenth century the railways revolutionised the world
grandi locomotive a vapore trainavano lunghi convogli	great steam locomotives pulled long trains
attraversavano continenti	they crossed continents
collegavano paesini, borghi e città	they linked villages, towns and cities
poi arrivarono i locomotori elettrici	then the electric engines arrived
che posero fine all'epoca del carbone	which put an end to the era of coal
con l'avvento dell'aereo i treni sembravano sorpassati / superati	with the arrival of the aeroplane trains appeared to be superseded
ora però c'è un risveglio	now, however, there is a revival
dovuto ai progressi tecnologici	due to advances in technology
che hanno aperto la strada verso una maggiore comodità e convenienza	which have opened the way to greater comfort and convenience

---

www.ferroviedellostato.it   *The website for Italian State Railways.*

6.3 Automobili | *Cars*

il conducente l'autista	driver
la targa	number plate
la portiera	car door
anteriore / posteriore	front / rear
la ruota	wheel
le gomme / gli pneumatici	tyres
il parabrezza	windscreen
i tergicristalli	windscreen wipers
il portabagagli, il baule	boot
il cofano	bonnet

il motore	engine
il cambio (a mano / automatico)	gearchange (manual / automatic)
in folle	in neutral
il freno	brake
frenare	to brake
la rottamazione	scrappage
il rottame	scrap
i rottami	wreckage

6.3.1 La rete autostradale — *Motorway network*

il pedaggio (sull'autostrada)	toll (on the motorway)
pagare il pedaggio	to pay the toll
il casello	toll station
l'area di servizio	service area
la benzina	petrol; gasoline (NB: *benzina* is 'petrol'; *petrolio* is 'crude oil')
la benzina senza piombo	unleaded petrol
la polizia stradale	highway police
la corsia	carriageway, lane (on motorway)
la corsia di sorpasso	overtaking lane
d'emergenza	emergency lane
il sorpasso (sorpassare)	overtaking (to overtake)
lo spartitraffico	central reservation
lavori in corso	road works

6.3.2 Parcheggiare, sostare, stazionare, posteggiare — *To park*

parcheggio gratuito	free parking
posteggio a pagamento	paying car park
posteggio incustodito / non custodito	unattended car park
divieto di sosta } sosta vietata }	no parking
una multa	a fine
multare	to fine
prendere la multa ...	to be fined
beccarsi una multa ...	to get hit with a fine
zona disco	disc parking area
zona a traffico limitato (la Ztl)	restricted traffic area
l'Ecopass (pedaggio automobili per entrare in centro)	congestion charge (toll for cars to enter town centre)
le ganasce (*sing.* ganascia) / i bloccaruota	wheel clamps
bloccare una macchina con le ganasce	to clamp (put wheel clamps on) a car

6.3.3 Il codice della strada

Highway code; rules of the road

senso unico	one way
il semaforo (rosso, giallo, verde)	traffic-lights (red, amber, green)
semaforo lampeggiante	flashing traffic-lights
la rotunda / rotatoria / il rondò	roundabout
il bivio	crossroads, junction
la segnaletica	road sign(s) (the singular is used for the plural as well)
le strisce (pedonali) (*sing.* striscia)	pedestrian (zebra) crossing
le strisce blu	yellow lines (no parking lines)
un incidente (stradale)	a(n) (road / traffic) accident
autonoleggio	car rental
noleggiare una macchina ⎱ un'automobile ⎰	to rent a car
riconsegnare la macchina	to hand the car back
si paga alla riconsegna	you pay when you hand the car back

girare a destra al bivio / all'incrocio / al crocevia	take the right at the fork (crossroads)
fare attenzione alla segnaletica	watch out for the signs
accendere i fari in galleria	switch on headlights in the tunnel
spegnere i fari	switch off headlights
accendere gli abbaglianti	to put headlights on full beam
abbassare / spegnere gli abbaglianti	dip headlights
rispettare i limiti di velocità	respect speed limits
regolare la velocità secondo il traffico	adjust speed in accordance with the traffic
devo fare benzina	I need (to put in) petrol
faccia (mi fa) il pieno, per cortesia	fill it up, please
dove posso lasciare la macchina?	where can I leave the car?
c'è un parcheggio a pagamento qui vicino	there's a paying car park near here
è sempre un problema saper dove parcheggiare la macchina	it's always a problem knowing where to park the car
per non rischiare la multa di beccarsi una multa	so as not to risk a fine getting hit with a fine
lunghe code ai caselli delle autostrade	long queues at the motorway toll stations
con traffico intenso ed intasamenti	with very heavy traffic and traffic jams
dovuti al grande esodo dalle città	caused by the great exodus from the cities
fare il ponte	to add a holiday on to the weekend (i.e. 'bridge' the holiday)
tutti vogliono passare il ponte fuori casa	everybody wants to get away for a long weekend

motore surriscaldato	overheated engine
chiamare il soccorso stradale	to call the breakdown service
avere un guasto (meccanico)	to have a (mechanical) breakdown
esser / andare / rimanere in panne	to have a breakdown
una gomma sgonfia / a terra	a flat tyre
la gomma è bucata / forata	the tyre is punctured
la ruota di scorta	spare tyre, spare wheel
girare a vuoto	to free-wheel
slittare / sbandare sull'asfalto	to skid on the asphalt / the surface
fondo stradale scivoloso / viscido	slippery road surface
investire qualcuno	to knock someone down, run over someone
causato da una guida sconsiderata (spericolata)	caused by careless (reckless) driving
alla guida della vettura era un ventenne	the driver was a twenty-year-old
la macchina cominciava a sbandare paurosamente	the car started to swerve frighteningly
zigzagava da un lato all'altro della strada	it zigzagged from one side of the road to the other
urtando di striscio un lampione	crashing side-on into a lamppost
e poi si è schiantata contro un albero	and then smashed into a tree
per fortuna il conducente è rimasto illeso	luckily the driver escaped unhurt
o meglio, con lesioni lievi / di poco conto	or rather, just with light injuries
e nessuno è stato investito	and nobody was run over

---

www.ti.ch/DI/POL/prevenzione/ circolazione/incidenti	*This is the website for the Italian-speaking Swiss canton of the the Ticino, with a particularly clear user-friendly police section including do's and don'ts of road usage and accidents.*

6.4 Altri mezzi ## *Other means of transport*

l'autocarro	truck
il camion	truck, lorry
il camionista	lorry driver
il camion / l'autocarro con rimorchio	lorry with trailer
rimorchiare	to tow
l'autocisterna (f)	tanker (lorry)
il furgone	van; small pick-up truck
il furgoncino	small van, mini-van

6.4.1 La motocicletta, la moto   *Motorbike*

il motociclo	motorcycle (more often large racing bike)
il motorino (*common usage*)	
il ciclomotore }	moped
lo scooter	scooter
la vespa	generic name for scooter – after the original make, called after a wasp (*vespa*)
la bicicletta (la bici)	bicycle (bike)
andare in ... (moto, bici, ecc.)	to ride ... (motorbike, bike, etc.)
il ciclista / il motociclista	cyclist / motorcyclist

6.4.2 L'autobus   *Bus*

entrata / salita	entrance
uscita / discesa	exit
il pullman	coach
il pulmino	minibus
convalidare il biglietto	to punch (validate) your ticket

6.4.3 Il camion   *Lorry / truck*

la vita di un camionista è dura	the life of a lorry driver is hard
deve passare molte ore alla guida	he has to spend many hours at the wheel
sempre attento al traffico	always alert to the traffic
non si dovrebbe guidare quando si è stanchi / uno è stanco	one should not drive when one is tired
è un reato guidare in stato di ubriachezza	it is a crime to drive when drunk, under the influence
rispettate il codice della strada	obey the highway code
i ciclisti spesso non rispettano le regole	cyclists often don't obey the rules
neppure quelli che vanno in motorino	nor do moped drivers
così causano incidenti	so they cause accidents
il trasporto di merce su strada è molto importante per l'economia europea	the transport of goods by road is very important for the European economy
ogni giorno c'è un numero impressionante di automezzi sulle autostrade di tutto il continente	every day there is a staggering number of vehicles on the motorways of the whole continent
c'è chi vuole diminuire il traffico stradale	there are those who want to reduce road traffic

dirottando la merce sulle ferrovie	diverting goods on to the railways
o addirittura sui canali	or even on to the canals
i camion sono diventati più grossi	trucks have become bigger
e si raddoppiano persino con enormi rimorchi	and they even double their size with enormous trailers
talvolta si vedono anche sulle strade normali	sometimes they are also to be seen on the normal roads
è difficile per i camionisti, ma sono dei veri esperti	it's difficult for lorry drivers, but they are real experts
ciononostante, i ciclisti possono essere spaventati	nonetheless cyclists can be terrified
vedendo un grosso camion piombargli adosso	seeing a big lorry bearing down on them
in una curva stretta di montagna	on a tight mountain bend

www.autostrade.it	*All about the motorways.*

6.5 Il trasporto marittimo   *Sea transport*

la barca	boat
fare una gita in barca	to go on a boat trip
la nave	ship
il traghetto	ferry
la nave traghetto	car ferry
l'aliscafo	hydrofoil
la nave da crociera	cruise ship
fare una crociera	to go on a cruise
la petroliera	oil tanker
la rotta	route
il salvagente	lifebelt
il gommone	inflatable; rubber dinghy
mare mosso	choppy sea

il territorio italiano comprende molte isole	the territory of Italy contains many islands
così il trasporto marittimo è di grande importanza	so sea transport is of great importance
i collegamenti tra la Sicilia, la Sardegna e il continente	the connections between Sicily, Sardinia and the mainland
vengono assicurati da grandi navi traghetto	are provided by large ferries
per distanze più brevi e per soli passeggeri	for shorter distances and for passengers only
ci sono moderni e veloci aliscafi	there are modern fast hydrofoils

a Venezia certo è tutt'altra storia	in Venice of course it's quite another story
là, si va a piedi o si va in barca	there, one goes on foot or one goes in a boat
non c'è altro da fare / non c'è scelta	there's nothing else to do / no alternative
per ovvi motivi	for obvious reasons
la nave si è avariata	**the ship was damaged**
ha avuto un'avaria al motore	**its engine was damaged**
la guardia costiera è stata allertata	**the coastguard was alerted**
hanno effettuato un salvataggio in alto mare	**they carried out a rescue operation at sea**
la nave fu rimorchiata in porto	**the ship was towed into harbour**
con passeggeri ed equipaggio sani e salvi	**with passengers and crew safe and sound**
un gommone è stato avvistato	**an inflatable was sighted** (*avvistare* – 'to sight')
al largo dell'isola	**off the island**
con a bordo una quarantina di clandestini	**with about forty illegal immigrants on board**
sono stati tratti in salvo	**they were brought to safety** (*trarre* – 'to bring')

www.caremar.it	*Sea transport in the Bay of Naples area.*
www.tirrenia.it	*Sea transport for the seas around Italy.*

6.6 Turismo   *Tourism*

vitto e alloggio	board and lodging
pensione completa	full board
mezza pensione	half board
la pensione	boarding house, guest house
l'albergo / l'hotel	hotel
l'agriturismo	farm holidays, farm tourism, 'gites'
l'industria alberghiera ⎫ il settore alberghiero ⎭	the hotel industry
gli operatori turistici	tour operators
l'agenzia di viaggi	travel agency
andare (essere) in vacanza	to go (be) on holiday (vacation)
prendersi una vacanza	to take a holiday (vacation)
le ferie / le vacanze	the holidays
essere in villeggiatura	to be on vacation (*villeggiatura* has the sense of a leisurely out-of-town stay, rather than an active 'holiday')

le ferie (estive)	the (summer) holidays
passare le ferie al mare	spend the holidays at the seaside
in montagna	in the mountains
in campagna	in the countryside
sulla spiaggia	on the beach
sotto l'ombrellone	under the umbrella (i.e. on the beach)
prendere il sole	to sunbathe
farsi una / prendere la tintarella / un'abbronzatura	to get a tan
abbronzato/a	suntanned
bruciato/a dal sole	sunburnt
un colpo di sole	sunstroke
un cancro all'epidermide / alla pelle	a skin cancer
le settimane bianche	the ski weeks (winter breaks in the mountain resorts)
il cambio	(currency) exchange
la carta di credito	credit card
la banca	bank
il bancomat	cashpoint, ATM
devo andare in banca	I have to go to the bank
a prelevare dei soldi / contanti	to draw out some money / cash
lo sconto	discount
prezzi fissi	fixed prices
la mancia	tip
agiato/a	affluent, comfortably off
calare	to decline, go down, drop
il calo	decline, drop, fall
l'aumento	increase, rise
gli spostamenti	travel (i.e. movement / displacement)

d'estate mi piace andare al mare	in summer I like to go to the seaside
sdraiarmi sulla spiaggia	to stretch out on the beach
e farmi una bella tintarella / abbronzatura	and get myself a nice tan
senza bruciarmi la pelle	without getting sunburnt
con il rischio di far nascere un cancro	with the risk of starting a cancer
altri preferiscono essere più attivi	others prefer to be more active
facendo alpinismo per esempio	going mountain climbing for example
o facendo le immersioni subacquee	or scuba diving
altri amano il turismo culturale	others love cultural tourism
si deve lasciare una mancia?	does one have to leave a tip?
il servizio è compreso?	is service included?
il servizio è a discrezione del cliente	service is at the discretion of the customer
mi può fare uno sconto?	can you give me a discount?
mi dispiace – qui ci sono solo prezzi fissi	I'm sorry – only fixed prices here

mi tocca (devo) fare un'operazione in banca	I have to do some business at the bank
a chi mi devo rivolgere?	who should I speak to?
per risolvere questa faccenda	to resolve this matter
la persona competente sarebbe il gestore / direttore	the proper person would be the manager
località balneare di prestigio per i turisti più esigenti	prestigious seaside resort for the most demanding tourists
l'Italia è affollata di turisti	Italy is crowded with tourists
nel turismo c'è qualcosa per tutti i gusti	in tourism there is something for all tastes
il turismo culturale è in forte aumento	cultural tourism is greatly increasing
molti turisti arrivano per passare solo qualche giorno a fine settimana nelle città di cultura	many tourists come to spend just a few days at the weekend in the cities of culture
oggigiorno gli Italiani più agiati viaggiano molto verso destinazioni esotiche	nowadays better-off Italians travel a lot to exotic destinations
gli spostamenti turistici sono in diminuzione	the number of tourists on the move is in decline
si prevede un calo nelle presenze in albergo	a decline in the number of hotel stays is forecast
l'agriturismo sta prendendo quota	farm holidays are becoming more popular / are on the increase
ma con la crisi economica le famiglie hanno meno soldi da spendere	but with the economic crisis families have less money to spend
di conseguenza passano meno tempo in vacanza	consequently they spend less time on holiday
nel tentativo di risparmiare i soldi che peraltro non hanno	in the attempt to save themselves the money that they haven't got anyway
ma alla fine il richiamo della spiaggia è troppo potente	but eventually the call of the beach is too powerful
e si carica tutto sulla carta di credito	and they load everything on to the credit card
e via a godersi l'estate!	and away (they go) to enjoy the summer!

---

www.enit.it

This is the national tourist information office with information covering the whole of Italy. In addition, each region and city has its own tourism website, e.g:

www.romaturismo.it
www.emiliaromagnaturismo.it
www.turismo.intoscana.it
www.siciliaturismo.com

7 L'ambiente

Pollution

tutelare l'ambiente	to look after the environment
salvaguardare	to safeguard
l'ecosistema (*m*) / il sistema ecologico	the ecosystem
inquinare	to pollute
l'inquinamento	pollution

inquinamento atmosferico ⎫
            dell'aria ⎭
	pollution of the atmosphere /
	   air pollution

inquinamento acustico	noise pollution
idrico / dell'acqua	water pollution
del suolo	soil pollution
luminoso	light pollution
industriale	industrial pollution
acqua inquinata / contaminata	polluted / contaminated water
nuocere alla salute	to be harmful to health
nocivo/a	harmful
emissioni nocive	harmful emissions
tossico/a	toxic
sostanze tossiche	toxic substances
avvelenare	to poison
il veleno	poison
sostanza velenosa	poisonous substance
degradare	to degrade; spoil
il degrado delle spiagge	deterioration of the beaches
il degrado ambientale / dell'ambiente	deterioration of the environment
aria respirabile	breathable air
aria pulita	clean air
lo scarico / gli scarichi	waste dumping; discharge(s)
scarichi industriali	industrial waste
i rifiuti / la spazzatura	waste; garbage, rubbish
la pattumiera	dustbin / trashcan
scarico abusivo	illegal dumping
divieto di scarico	no dumping

7.2 Riciclaggio   *Recycling*

riciclare	to recycle
il riciclaggio	recycling
riciclaggio di vetro	recycling of glass
carta	paper
imballaggi	packaging
cassoni (il cassone) / bidoni (il bidone)	large (public) bins
il cassonetto	(domestic) 'wheelie bin'
il combustibile	fuel
combustibile fossile	fossil fuel
l'energia rinnovabile	renewable energy
impianti eolici	wind farms
gli ambientalisti	environmentalists
i 'verdi'	the 'greens' (i.e. environmentalist party or campaigners)

7.3 Cambiamento climatico *Climate change*

lo strato dell' / di ozono	the ozone layer
il buco nell'ozono	the ozone hole
il riscaldamento globale / del pianeta	global warming
emissioni di anidride carbonica	carbon dioxide emissions
mitigare (alleviare / ridurre) gli effetti	to mitigate the effects
l'effetto serra	greenhouse effect (*la serra* – 'greenhouse'); global warming
emissioni dei gas serra	emissions of greenhouse gases
il disgelo (disgelare)	thaw; melting (to thaw)
sciogliere	to melt
il ghiaccio	ice
il ghiacciaio	glacier
lo scioglimento del ghiaccio artico	the melting of the Arctic ice
le condizioni meteorologiche / atmosferiche	weather conditions

misure di prevenzione dell'inquinamento	anti-pollution measures
siamo tutti responsabili per l'ambiente	we are all responsible for the environment
ognuno può fare qualcosa	everyone can do something
per ridurre l'inquinamento	to reduce pollution
grossi cassoni per il riciclaggio presso ogni supermercato	large recycling bins at every supermarket
dove depositare il vetro ed altri rifiuti	where we can put glass and other refuse
invece di buttarli sempre nella pattumiera	instead of always throwing them into the rubbish bin (trash can)

non so che cosa voglio fare una volta finita la scuola	I don't know what I want to do when I leave school
se gli esami vanno bene posso andare all'università	if the exams go well I can go to university
o forse seguirò un corso di formazione professionale	or maybe I'll take (follow) a vocational training course
posso rimanere nella mia città o andare a studiare altrove	I can stay in my own town or go and study elsewhere
dipende dai soldi	it depends on (the) money
o da dove vengo accettato/a	or on where I get accepted
oggi è quasi obbligatorio avere un diploma	today it is almost compulsory to have a diploma
ci sono corsi di formazione per qualsiasi mestiere e professione	there are training courses for every trade and profession
chi non vuole seguire un corso di laurea all'università	whoever doesn't want to do a degree course at university
può benissimo scegliere tra una gran varietà di scuole professionali	can easily choose from among a great variety of vocational institutions (schools)
anche i corsi universitari sono più diversificati al giorno d'oggi	university courses are also more diversified today
per adeguarsi alle esigenze moderne	to adjust to modern demands
gli studi non bastano	studies are not enough
quasi sempre bisogna fare un tirocinio	one nearly always has to do a probationary period

9.2 L'impiego

Employment

cercare lavoro	to look for work
cercare un impiego	to look for a job / post
presentare (fare) una domanda d'impiego	to submit a job application
un modulo	a form
compilare un modulo	to fill in a form
candidarsi per un posto	to put oneself up for a post (as a candidate for a position)
proporre la propria candidatura	to propose one's own candidature
proporsi	to propose oneself
farsi avanti	to put oneself forward
avere una raccomandazione	to have connections; have someone put in a good word for you
mandare / inviare il curriculum	to send one's CV
mettere in risalto	to highlight
le capacità	abilities

9.2.1 Il colloquio (l'intervista) di selezione

The interview (for a job)

rispondere alle domande	to answer the questions
fare / porre delle domande	to ask questions
instaurare un buon rapporto	to establish a good relationship
il selezionatore	interviewer
domanda accettata	application accepted
essere assunto	to be taken on
domanda respinta	application refused / turned down

9.2.2 Lo stipendio

Salary

stipendio fisso	fixed salary
la paga (*coll.*)	pay
la busta paga (*coll.*)	pay packet
mensile	monthly
la mensilità	monthly pay
lavoro saltuario	irregular (occasional) work
fare i primi passi	to take the first steps
avere un posto	to hold a job / position
mantenere il posto	to hold down (keep) the post
richiedere	to ask for; apply for
richiedere un aumento di stipendio	to ask for a salary increase / rise
rivolgersi a ...	to apply to ...
rivolgersi alla direzione	to apply to the management
sbarcare il lunario	to make ends meet
magari	maybe, perhaps
magari!	if only! fat chance!

dopo gli studi devo cercare un impiego	after finishing my studies I'll have to look for a job
mi piacerebbe trovare un posto interessante	I would like to find an interesting post
con viaggi all'estero	with foreign travel / travel abroad
dove potrò utilizzare le lingue	where I can (will be able to) use my languages
magari nell'industria della moda	maybe in the fashion industry
o nel mondo dello spettacolo	or in the world of show business
dipende dalle ambizioni	it depends on one's ambitions
e anche un po' dalla fortuna	and a bit also on luck
quando si è in cerca di lavoro	when one is looking for (in search of) work
si può consultare i piccoli annunci sui giornali	one can look up the small ads in the newspapers

è importante avere un buon curriculum	it's important to have a good CV
che mette in risalto (fa risaltare) i tuoi punti forti	which brings out (highlights) your strong points
le tue capacità specifiche e generali	your particular and general abilities
bisogna sempre compilare i moduli con cura	you should always fill in forms carefully
anche se appaiono noiosi ed inutili	even if they appear boring and useless
meglio un impiego fisso che un lavoro saltuario	better a fixed post than irregular work
ma il posto fisso non piace a tutti	but a steady job doesn't appeal to everyone
piace, però, la mensilità regolare	however the regular monthly salary (pay cheque) does appeal
specie quando c'è da sbarcare il lunario	especially when you have to make ends meet
arrivare puntuali al colloquio di selezione	arrive punctually for the selection interview
precisare eventuali esperienze	describe any previous experience
anche lavoretti saltuari da studente	even odd jobs as a student
cercate di instaurare un buon rapporto con il selezionatore	try to establish a good relationship with the interviewer
ma come tutti sanno, è utile avere una raccomandazione	but as everyone knows, it's useful to have connections
a meno che uno non sia figlio di papà	unless one is a daddy's boy (rich man's child)
in quel caso non si cerca lavoro – anzi!	in which case you don't look for work – quite the opposite!

9.3 Commercio ed industria *Industry and commerce*

9.3.1 L'amministrazione *Administration*

l'azienda, la ditta, la società	company, firm
l'impresa	business; company; enterprise (also undertaking, e.g. *un'impresa difficile* – 'a difficult task')
il proprietario	owner
il presidente	chairman
l'amministratore delegato	managing director
il direttore generale	general manager; chief executive
il consiglio d'amministrazione	board of directors
l'azionista / gli azionisti	shareholder(s)
i dirigenti	the management / the managers / executives

9.3.2 La finanza

Finance

l'utile (*also* il guadagno / il profitto)	profit
fare un guadagno	to make a profit
la perdita	loss
utile netto / utile lordo	net profit / gross profit
il fatturato	turnover
le spese generali	overheads
fare un preventivo	to make an estimate; give a quotation; quote
pagamento a rate scaglionato }	payment by instalments
rateare, scaglionare	to stagger, split up (payments)
l'assegno	cheque
il libretto degli assegni	cheque book
dare (pagare) la bustarella a qualcuno	to slip a bribe to someone
pagamento con carta di credito	payment by credit card
il fallimento, la bancarotta	failure, bankruptcy
fallire, andare in fallimento	to fail, go bankrupt
una situazione fallimentare	a bankruptcy situation (used also in more general senses)
il crac della ditta	the collapse of the firm

9.3.3 Il personale

Staff / personnel

i dipendenti	employees
un impiegato / un'impiegata	office worker
un operaio / un'operaia	manual (factory) worker
l'operaio specializzato	skilled worker
la manodopera (*or* mano d'opera)	the work force

9.3.4 Impiegare

To employ

lavoro a orario ridotto (lavoro part-time)	part-time work
a tempo pieno	full-time
il posto di lavoro	job
perdere il posto	to lose one's job
un posto precario	a temporary job / post
certificato di malattia	sick note
fare carriera	to get on in your career (i.e. to make progress)
l'impegno	task, commitment
impegnarsi al massimo	to give of one's best, try one's hardest

9.3.5 La disoccupazione   *Unemployment*

la crescente disoccupazione	rising unemployment
congedare	to lay off
congedo di maternità (paternità)	maternity (paternity) leave
'essere in maternità'	to be on maternity leave
licenziare	to fire; dismiss; lay off; make redundant
licenziare in tronco	to fire on the spot / without notice
il licenziamento	dismissal, the sack; lay-off; redundancy
licenziamento in tronco	summary dismissal
dare (rassegnare) le dimissioni, dimettersi	to resign

9.3.6 Il sindacato   *Trade union*

lo sciopero	strike
scendere in sciopero, scioperare / fare sciopero	to (go on) strike
fare gli straordinari	to work overtime
andare in pensione	to retire
prendere la pensione anticipata	to take early retirement
non vede l'ora di andare in pensione!	he can't wait to retire!

9.4 Vendite e acquisti   *Sales and purchases / Buying and selling*

la rete di vendita	sales network
la legge della domanda e dell'offerta	the law of supply and demand
il potere d'acquisto	buying power
il grossista	wholesaler
il rivenditore	retailer
la vendita all'ingrosso	wholesale
al dettaglio	retail sale
all'asta	auction
lo sconto	discount
(l')IVA (imposta sul valore aggiunto)	VAT (value added tax)

9.4.1 L'acquisto / gli acquisti, le compere — *Purchase(s)*

i saldi	sales (i.e. bargain sales)
la svendita	clearance sale
ribassi, prezzi ribassati	prices down (as in notices)
prezzi scontati	discounted prices
sconti fino al dieci per cento	discounts up to 10%
affari	bargains
un affarone	a great bargain
un prezzo conveniente	a good (favourable) price
offerta speciale	special offer
in offerta	on offer
un'occasione	a bargain
a buon mercato	cheap
caro/a, costoso/a	dear, expensive
conviene	it is in one's interest / worthwhile
il rapporto qualità-prezzo	value for money
vale il prezzo; è conveniente	it's worth the price
permettersi	to afford
regalarsi ⎫ pagarsi qualcosa ⎭	to buy oneself something (give oneself a present)
qualcosa di bello	something nice
fare la spesa	to do the shopping (i.e. domestic shopping)
la lista della spesa	shopping list
fare lo shopping	to shop (i.e. 'recreational' or larger shopping)
fare compere	to shop, make purchases
usa e getta (*invariable – used as an adjective*)	throwaway; disposable (NB: *disponibile* means 'available' not 'disposable')
una camera / macchina fotografica usa e getta	disposable camera
un accendino usa e getta	disposable lighter
i pannolini usa e getta	disposable nappies
un venditore ambulante	street trader
la bancarella	(market) stall
frugare	to rummage
la roba (*coll.*)	stuff
roba buona	good stuff
roba a buon mercato	cheap stuff
i 'vucumprà'	familiar term for the African street traders at the resorts, derives from *vuoi comprare?*

è interessante fare una passeggiata al mercato	it's interesting to have a stroll round the market
frugare tra le bancarelle	to rummage among the stalls
in cerca di qualcosa di bello a buon mercato	in search of something nice going cheap
i supermercati amano promuovere delle offerte speciali	the supermarkets like to promote special offers
con titoli come 'Grandi Occasioni!', o persino 'Occasionissime!'	with banner headlines such as 'Great Bargains!', or even 'Superbargains'!
o talvolta 'Grandi Ribassi', o 'Prezzi Ribassati'	or sometimes 'Great Savings' or 'Prices Slashed'
è un affare / un affarone	it's a bargain / a real bargain
conviene acquistarlo a quel prezzo così favorevole / vantaggioso	it's worth buying it at such a favourable price
fare lo shopping può essere un piacere	going shopping can be a pleasure
mentre fare la spesa è più necessità che divertimento	whereas doing the daily shopping is more a necessity than a diversion
però è spesso un'occasione per incontrare amici	however it's often an opportunity to meet friends
prendere un caffè e fare quattro chiacchiere	to have a coffee and a chat
fare acquisti via internet è oggi molto diffuso	making purchases on the internet is very widespread today
è pratico, ma non c'è nessun contatto umano	it's practical but there is no human contact
è un bene o un male?	is it a good thing or a bad thing?
staremmo meglio se tutto fosse come prima?	would we be better off if everything was as it used to be?
sul mercato libero comanda il consumatore	in the free market the consumer calls the tune (is boss)
il rivenditore deve rispondere alle esigenze dei clienti	the retailer has to respond to the demands of the customers
tenendo conto del potere d'acquisto	bearing in mind the buying power
quindi adeguarsi alle condizioni di mercato	therefore adapt to the market conditions
se non dovesse farlo, rimarrebbe senza clienti	if he didn't do so he would finish up with no customers

---

www.italia.gov.it	*Comprehensive government website. The section 'In cerca di lavoro' gives access to a very wide range of other sites relating to all types of training and educational courses.*
www.ilsole24ore.com	*The website of 'Il Sole 24 Ore' – the business and financial daily, which also covers a wide range of general topics.*

10 Società

10.1 I problemi sociali — *Social issues*

10.1.1 La giustizia sociale — *Social justice*

la disoccupazione	unemployment
la società dei consumi	the consumer society
l'assistente sociale (*m/f*)	social worker
sforzarsi	to try one's best; go out of one's way
bambini maltrattati	ill-treated children
famiglie sfrattate	evicted families
sfrattare	to evict
lo sfratto	eviction
i senza tetto (*or* senzatetto)	the homeless (lit. 'without a roof')
una ragazza madre / le ragazze madri	single mother(s)
il sovraffollamento nelle città	overcrowding in the cities
l'urbanistica	town planning
la malnutrizione	malnutrition
bambini malnutriti / denutriti	malnourished / undernourished children
anziani che vivono da soli	old people living on their own
anziani non autosufficienti	old people who cannot look after themselves
la badante	carer
la casa di riposo } il ricovero per anziani }	old people's home

10.1.2 L'alcolismo — *Alcoholism*

un alcolizzato	an alcoholic
ubriacarsi	to get drunk
ubriaco/a	drunk
un ubriacone	a drunk
l'ubriachezza / ebbrezza	drunkenness, intoxication
guida in stato di ebbrezza	drink driving
prendersi una sbornia	to go on the binge, get plastered

10.1.3 La droga

Drugs

droghe leggere / pesanti	soft / hard drugs
gli stupefacenti	drugs, narcotics
il / la drogato/a il / la tossicodipendente }	drug addict
la lotta contro la droga	the fight against drugs
tossico/a	toxic
la tossicodipendenza	drug addiction
il trattamento / la cura	treatment
la riabilitazione	rehabilitation
uno spinello / una canna (*slang*)	a joint
farsi uno spinello	to roll a joint
fumare uno spinello	to smoke a joint
bucarsi (*slang*)	to shoot up; inject
lo spaccio (della droga)	drug dealing, pushing
lo spacciatore	dealer, pusher
spacciare	to deal, push, peddle

10.1.4 Il gioco (d'azzardo)

Gambling

un giocatore / una giocatrice d'azzardo	gambler
scommettere	to bet
scommettere su / puntare su …	to bet on …
la scommessa	the bet
un casinò	a casino (NB: *un casino* is 'a brothel', often adapted to mean a state of shambles: *tua camera è proprio un casino!* – 'Your room is a right shambles!')
una bisca (clandestina) (*pl.* bische)	(illegal) gambling joint

10.1.5 L'immigrazione

Immigration

l'immigrazione clandestina	illegal immigration
i clandestini	illegals (illegal immigrants)
gli extracomunitari	people from outside the EU
i profughi (*sing.* profugo)	refugees

ci sono molti problemi sociali oggi	there are many social problems today
soprattutto nelle grandi città	especially in the big cities
i senzatetto per esempio	the homeless for example
che devono dormire fuori per la strada	who have to sleep out in the streets
perché non hanno un alloggio	because they do not have a place to live
molti sono profughi che vengono da paesi poveri	many are refugees who come from poor countries
che sono immigrati clandestini	who are illegal immigrants
quindi non hanno documenti ufficiali	so they don't have any official papers (documents)
perciò gli assistenti sociali non possono aiutarli	therefore the social workers cannot help them
diventano facilmente vittime della malavita	they easily become victims of the criminal underworld
altre famiglie povere vengono sfrattate	other poor families lose their homes / are evicted
c'è anche il problema della droga	there is also the drug problem
non solo tra i più poveri	not only among the poorest
l'indice di disoccupazione, specie quella giovanile, non è confortante	the unemployment figures, especially among the young, are not comforting
i problemi sociali si manifestano soprattutto nei grandi centri urbani	social problems are particularly evident in the large urban centres (cities)
il servizio di assistenza sociale si sforza di alleviare i disagi	social services try their best to alleviate the hardships
ma spesso fa solo un buco nell'acqua	but often they get nowhere (lit. 'they just make a hole in the water')
gli assistenti sociali sono chiamati a lottare contro gli effetti della droga	social workers have to (are called to) fight against the effects of drugs
soprattutto per quanto riguarda le famiglie	especially with regard to families
la tossicodipendenza può rovinare la vita	drug addiction can ruin a life
non solo dello stesso drogato ma anche quella di tutta la sua famiglia	not only of the addict himself but also that of all his family
poi non bisogna dimenticare la situazione degli anziani in una società urbana	then we mustn't forget the situation of the elderly in an urban society

è colpa di un atteggiamento egoista da parte della società dei consumi?	is it down to a selfish attitude on the part of the consumer society?
oppure uno dei risultati di un'urbanistica sbagliata?	or one of the results of wrong-headed town planning?
chi lo sa?	who knows?
molti argomenti sono stati avanzati ma i problemi rimangono	many reasons have been put forward but the problems remain

www.droga.net	*Website on drugs and drug addictions.*
www.cestep.it/alcolismo.htm	*Website on alcoholism.*

10.2 L'ordine pubblico — *Law and order*

10.2.1 In tribunale — *At the law courts*

il tribunale	(law) court
l'aula	courtroom
il processo	trial
giudicare	to try; to judge
fare causa a qualcuno	to take someone to court; sue
sporgere querela contro qualcuno	to start an action against someone
querelare qualcuno	to sue someone
il querelante / la parte civile	the plaintiff
costituirsi parte civile	to sue (for damages)
denunciare qualcuno	to complain; inform against someone; report someone (to the police)
il giudice, il magistrato	judge, magistrate
il pubblico accusatore	
il pubblico ministero (*abbreviated to* pm)	public prosecutor
il difensore	defending advocate / barrister
la giuria	the jury
i giurati	the members of the jury
l'avvocato (*now also* l'avvocata *and* l'avvocatessa)	lawyer (both 'solicitor' and 'advocate' / 'barrister')
l'accusato, l'imputato	the accused, defendant
l'accusa	accusation, charge; prosecution
la difesa	defence
essere sul banco degli imputati	to be in the dock
l'istruttoria	preliminary investigation; committal proceedings

10.2.2 Il reato, il delitto

Crime, offence (specific)

la delinquenza	crime (generic)
il delinquente	criminal (can also have the softer sense of 'delinquent')
il criminale } il malvivente }	criminal
la criminalità	criminality; crime (generic)
la criminalità organizzata	organised crime
i boss della criminalità	the crime bosses (barons)
l'indice di criminalità	crime figures
la contravvenzione	minor offence; misdemeanour
la multa	fine
la malavita	the underworld; gangland; criminals
i ladri	thieves
il furto	theft
la rapina	robbery
gli scassinatori, gli svaligiatori, i ladri	burglars

10.2.3 La sentenza

Judgement (i.e. decision)

emettere la sentenza	to pass judgement
la condanna, la pena	sentence
ordine di prestare servizi alla comunità (in sostituzione della pena detentiva)	community service order (as an alternative to imprisonment)
il verdetto	verdict
la giuria dà il suo verdetto	the jury gives its verdict
il giudice pronuncia la sentenza	the judge passes judgement
e decide la condanna	and decides the sentence
l'ergastolo	life sentence, life imprisonment
condannato all'ergastolo	given a life sentence
la pena di morte	death penalty
assolvere	to acquit
essere assolto	to be acquitted
il carcere, la prigione	prison, jail
fu condannato a due anni di carcere	he was sentenced to two years in jail
tre anni di reclusione	three years' imprisonment
in galera	in jail (more colloquial and a bit stronger)
mandare in galera	to send to jail
sbattere dentro (*coll.*)	to put behind bars; bang up
è finito in galera	he finished up in jail

i prigionieri, i detenuti	prisoners
il carceriere / il secondino	prison warder
scarcerare	to release from prison
rilasciato (in libertà provvisoria / vigilata)	released on parole
scontare la pena	to serve the sentence
l'omicidio, l'assassinio	murder
l'omicida, l'assassino	murderer
assassinare, uccidere	to murder

è stato assolto dall'accusa di omicidio e dichiarato / pronunciato innocente	he was acquitted of the murder charge and declared / pronounced innocent
colpevole / non colpevole, innocente	guilty / innocent
incolpare	to accuse, blame
discolpare / scagionare	to clear / exculpate / exonerate
la testimonianza	testimony
il / la testimone (oculare)	(eye)witness
'fatta la legge, trovato l'inganno'	'the law no sooner made than the loophole found'

10.2.4 La polizia

The police

la Polizia di Stato	State Police
i carabinieri (l'Arma dei Carabinieri)	paramilitary gendarmerie
le forze dell'ordine	forces of law and order
la questura / il commissariato	main police station
i vigili urbani	local police (responsible mainly for traffic, breaches of the peace and misdemeanours)
il vigile / la vigile (vigilessa *is becoming more common, if not entirely welcomed by many policewomen*)	local policeman/woman
i Vigili del Fuoco	Fire Brigade
l'incendio	fire
prendere fuoco	to catch fire
appiccare il fuoco a ...	to set fire to ...
divampare	to spread
le fiamme divampavano da tutte le parti	the flames spread everywhere
domare	to bring under control
domare un grosso incendio	to bring a big fire under control
spegnere il fuoco / l'incendio / le fiamme	to put out the fire / flames

10.2.5 Indagini

Investigations / inquiries

il commissariato	branch police station
il questore	investigating head of police station (equivalent to police commissioner or chief constable)
il commissario	detective inspector
l'investigatore / investigatrice	investigator; detective
il poliziotto / la poliziotta / l'agente di polizia	policeman/woman
il cane poliziotto	police dog
la pantera	police car (slang but now in general use)
la volante	flying squad (also used for 'police car')

10.2.6 Un'indagine (f)

An investigation, a case

indagare	to investigate
l'indagato/a, l'indiziato/a	suspect (person under investigation)
l'indizio / gli indizi	clue(s)
il luogo del delitto / reato	the scene of the crime
arrestare, fermare	to arrest
in stato di fermo	under arrest, detained, held (by the police)
mettere le manette	to handcuff
costituirsi	to turn oneself in / give oneself up

10.2.7 L'inseguimento

Pursuit

inseguire	to follow, pursue
all'inseguimento di ...	in pursuit of ...
latitante (adj. and noun)	fugitive, runaway
il / la ricercato/a	wanted person; fugitive
pedinare	to tail, follow
seminare	to lose, shake off
essere sulle tracce di ...	to be on the trail of ...
seguire le tracce	to follow the trail
perdere le tracce	to lose the trail
fiutare (e.g. il pericolo)	to scent (e.g. danger)
dare la caccia a ...	to chase / go after ...
scappare	to run away
scappare a gambe levate	to take to one's heels
evadere	to escape
scamparsela bella	to have a narrow escape

la caccia all'uomo	manhunt
rastrellare	to round up
il rastrellamento	round-up
mani in alto!	hands up!
vuotare il sacco	to spill the beans, come clean, talk
cogliere con le mani nel sacco	to catch red-handed (lit. 'with their hands in the bag')

10.2.8 Il furto — *Theft*

fare / commettere un furto	to carry out a robbery
il ladro	thief; robber
il complice	accomplice
taccheggiare	to shoplift
accusato/a di taccheggio (furto in un negozio)	accused of shoplifting
rubare	to rob, steal
auto rubate	stolen cars
rapinare	to rob
la rapina	robbery
il rapinatore	robber
una rapina in banca	a bank robbery
a mano armata	an armed robbery
scippare	to snatch (a handbag)
lo scippo	bag snatch
lo scippatore	bag snatcher
il malloppo, il bottino	swag, stolen goods, haul
i proventi del furto	the proceeds of the theft / robbery

10.2.9 La frode / la truffa — *Fraud, swindle*

truffatore / truffatrice	swindler
un imbroglio	swindle, trickery
un imbroglione	swindler
ricattare	to blackmail
il ricatto	ransom; blackmail

10.2.10 L'aggressione, la violenza fisica

Assault, physical violence

aggredire	to assault
picchiare (a sangue)	to strike; to draw blood
venire alle mani	to come to blows
pugnalare	to stab
dare un pugno, dare / prendere a pugni	to punch
accoltellare	to knife, stab
violentare, stuprare	to rape
lo stupro	rape
rapire	to kidnap; abduct
il sequestro (di persona)	kidnap
sequestrare (beni)	to confiscate, sequester; impound (goods)
il pizzo	protection money
l'estorsione	extortion
saccheggiare	to sack, loot; turn (a place) over
un negozio saccheggiato	a looted shop
a scopo di ...	with the aim of, purpose of ...
scassinare la porta	to break down the door
forzare (scassinare) la serratura	to force the lock

ci sono molti tipi di reati	there are many types of crime
lo scippo oggi è molto comune nelle grandi città	bag snatching is very common in cities today
viene fatto spesso da giovanotti in motocicletta	it is often done by youths on motorbikes
scippano la borsa e poi scappano via	they snatch the bag and then make off
si perdono nel traffico	they lose themselves in the traffic
esiste anche un traffico internazionale di auto rubate	there also exists an international trade (traffic) in stolen cars
spariscono dalle vie cittadine	they disappear from the city streets
per riapparire in capo al mondo	to reappear at the ends of the earth
con tutt'altra identità	with quite another identity

il commmissario conduceva l'indagine	the inspector was in charge of the case
affiancato da una squadra di investigatori scelti	supported by (at his side) a team of hand-picked detectives
erano sulle tracce di una banda di malviventi	they were on the trail of a gang of criminals
sospettati di essere coinvolti	suspected of being involved
in un reato di sequestro a scopo di ricatto	in a crime of kidnapping for ransom
due poliziotti pedinavano gli indiziati	two police officers trailed the suspects
ma questi sono riusciti a seminarli	but they (the latter) managed to give them the slip
poco dopo sono stati rintracciati	soon afterwards they were tracked down
dopo un rastrellamento delle solite facce	after a round-up of the usual suspects
e messi in stato di fermo / arrestati	and put under arrest / arrested
con le manette ai polsi	with handcuffs on
la persona sequestrata è stata poi liberata	the kidnap victim was then freed
era un commerciante che non voleva più pagare il pizzo	he was a businessman who did not want to carry on paying protection money
la vittima se l'è scampata bella	the victim had a close shave / a narrow escape
altri malviventi arrestati per spaccio	other criminals arrested for dealing (drugs)
colti con le mani nel sacco	caught red-handed
sequestrata una partita imponente di cocaina	a big consignment of cocaine confiscated
come pure un'ingente somma di denaro	as well as a considerable sum of money
che sarebbe i proventi illeciti delle loro attività	which would seem to be the illegal proceeds of their activities
con ogni probabilità	in all probability
un complice si è poi costituito	an accomplice then turned himself in

www.poliziadistato.it/pds/index.html	*The official website for the Polizia di Stato containing a wide range of themes and topics.*

11.1 Tradizioni e costumi *Traditions and customs*

l'usanza, il costume, l'uso, la consuetudine	custom, habit, usage
l'usanza del paese	the custom of the country
le vecchie usanze	the old customs / traditions
tramandare le tradizioni di padre in figlio	to hand down the traditions from father to son
di generazione in generazione	from generation to generation
il folclore	folklore
folcloristico	folkloristic
una fiaba, una favola	fable, fairy-tale
le fate	fairies
miti e leggende	myths and legends
la filastrocca	nursery rhyme; jingle
fare il girotondo	play ring-a-ring-o'-roses
la giostra	merry-go-round
fare la giravolta	to spin round
Cappuccetto Rosso	Little Red Riding Hood
il lupo mannaro	the big bad wolf (lit. 'werewolf')
Cenerentola	Cinderella
la fatina azzurra	the little blue fairy
la Bella Addormentata (nel Bosco)	Sleeping Beauty
il patrimonio culturale	cultural heritage
risalire all'antichità	to go back to antiquity

le tradizioni locali sono belle	local traditions are great
molte volte il comune organizza una manifestazione	very often the local council organises an event
per celebrare la festa del paese	to celebrate the local feast day
ogni famiglia ha certe tradizioni	every family has certain traditions
i giochi dei bambini sono tradizionali	children's games are traditional
con qualche variante locale	with some local variations
potete descrivere alcune vostre tradizioni?	can you describe some of your traditions?
ogni popolo ha un suo patrimonio culturale	every nation has its own cultural heritage
tramandato di generazione in generazione	passed on from generation to generation
le usanze risalgono all'antichità	the customs go back to antiquity
ma oggi fanno parte del turismo	but today they are part of the tourist trade
alcune tradizioni locali sono diventate internazionali	some local traditions have become international
come, ad esempio (per esempio), l'albero di Natale	like, for example, the Christmas tree
ne conoscete altri esempi? ce ne sono tanti	can you think of other examples? there are lots of them
in Italia c'è la tradizione di mangiare il panettone a Natale	in Italy it's traditional to eat panettone at Christmas
ma ormai lo si vende tutto l'anno	but now it's sold all year round
gli immigrati tendono a tenersi strette le loro usanze	**immigrants tend to hold close to their customs**
spesso anche nel loro modo di vestire	**often also in their clothing / way of dressing**
adottare i costumi del paese ospitante	**to adopt the customs of the host country**
adattarsi alle usanze locali	**to adapt to the local ways**
senza rinnegare o abbandonare le tradizioni del paese d'origine	**without denying or abandoning the traditions of their country of origin (their old country)**
i giochi dei bambini risalgono spesso all'antichità	**children's games often go back to antiquity**
e si ritrovano quasi identici in ogni parte del mondo	**and almost identical ones can be found in every part of the world**
in questo senso si può dire che 'il mondo è paese'	**in that sense we can say that 'the world is a village' (i.e. people are the same everywhere)**
'paese che vai, usanza che trovi'	**'other places, other customs' (i.e. when in Rome, do as the Romans do)**

11.2 La religione

Religion

11.2.1 Il cattolicesimo

Catholicism

la Chiesa (Cattolica)	the (Catholic) Church
la fede	faith
il credo / la credenza	belief
il sacerdote / il prete	priest
il parroco	parish priest
la parrocchia / i parrocchiani	parish / parishioners
il vescovo / l'arcivescovo	bishop / archbishop
il cardinale	cardinal
la chiesa	church
la cappella	chapel
la (santa) messa	(holy) Mass
la messa da requiem	requiem Mass, Mass for the dead
andare a messa	to go to Mass
la Santa Sede	the Holy See
il Papa (il Santo Padre)	the Pope (the Holy Father)
il duomo / la cattedrale	cathedral
la basilica (*NB*: basilico *means* 'basil')	basilica
pregare	to pray
le preghiere	prayers
fare un voto	to make a vow
il crocefisso	crucifix
la croce	the Cross
la via crucis	the Stations of the Cross
la Quaresima	Lent
Carnevale	Carnival; 'Mardi Gras'
(la) Pasqua	Easter
Natale	Christmas
Capo d'Anno	New Year
fare penitenza	to do a penance
pentirsi	to repent
perdonare (il perdono)	to forgive (forgiveness)
confessarsi (la confessione)	to confess (confession)
la (santa) comunione	(holy) communion
andare in processione	to go in procession
fare un pellegrinaggio	to make a pilgrimage
una suora (monaca / monache)	a sister (nun/s)
un frate (monaco / monaci)	a brother (monk/s)
un(a) religioso/a	a monk (nun) (i.e member of a religious order)

11.2.2 Il protestantesimo

Protestantism

le chiese luterane	the Lutheran churches
il pastore	pastor; minister
libertà di culto	freedom of worship
coscienza	conscience
un luogo di culto	a place of worship
la predica	sermon
predicare	to preach
il Vangelo	the Gospel
un laico	a lay person
uno stato laico	a secular state

11.2.3 l'Islam

Islam

musulmano	Muslim
islamico	Islamic
il Corano	the Koran
la moschea	mosque
la chiamata alla preghiera	the call to prayer
il digiuno	fast; fasting
digiunare	to fast

11.2.4 Il giudaismo

Judaism

ebreo	Jewish
l'ebraico	Hebrew (language)

11.2.5 Altre religioni

Other religions

l'induismo	Hinduism
indù	Hindu
il buddismo	Buddhism
buddista	buddhist

il giorno di riposo è diverso per le diverse religioni	the day of rest is different for the different religions
per i cristiani è la domenica, il venerdì per i musulmani, mentre per gli ebrei è il sabato	for Christians it is Sunday, Friday for Muslims, while for the Jewish it is Saturday
le feste di Natale sono ormai più laiche che religiose	the Christmas holidays are now more secular than religious

molte persone amano celebrare il matrimonio in chiesa	many people like to hold their weddings in church
anche se non ci vanno quasi mai	even if they hardly ever go there
è questione di tradizione	it's a matter of tradition
la libertà di culto è un principio fondamentale	freedom of worship is a fundamental principle
talvolta la religione serve da pretesto per ostilità fra gruppi diversi	sometimes religion serves as a pretext for hostility between different groups
punti di disaccordo tra credenti e non-credenti	points of disagreement between believers and non-believers
risoluzioni pacifiche	peaceful solutions
il fondamentalismo esasperato	extreme fundamentalism
una presa di posizione rigida	a rigid standpoint
posizioni inamovibili	fixed (unmoveable) positions
lo spirito di compromesso	the spirit of compromise
il movimento ecumenico	the ecumenical movement

11.3 Volontariato — *Voluntary organisations*

organizzazione/ente di beneficenza un ente benefico / un'associazione benefica	charity; charitable organisation / society

un'opera pia
    di carità / caritatevole
    di beneficenza
	charitable institution

una pesca di beneficenza	charity draw; raffle
l'elemosina	charity; alms
dare (fare) l'elemosina	to give to charity; to give alms
la cassetta per l'elemosina	charity box
la colletta	collection (e.g. in church)
fare la questua / la coletta	to take up the collection (in church)
raccogliere i soldi / fondi	to gather / raise the money / funds
stare a cuore	to hold dear
lanciare una campagna / un appello	to launch a campaign / an appeal
fare appello a ..., sollecitare	to appeal to ..., ask for
sollecitare aiuti	to appeal for help
fare (esercitare) pressione su ...	to bring pressure to bear on ...
premere su	to press
gruppi di pressione	pressure groups
mettere in risalto la situazione	to highlight the situation
portare alla coscienza pubblica, sensibilizzare il pubblico a	to bring to public attention / notice, make the public aware of
la lotta	campaign / fight / struggle

lottare per / a favore di
    contro
	to campaign (fight) for / in favour of
	    against

la carità comincia a casa propria	charity begins at home
meno male che il volontariato non la pensa così	it's a good job the voluntary organisations don't think like that
altrimenti che farebbero i poveri?	otherwise what would the poor do?
quando succede un disastro naturale c'è un grande bisogno di assistenza	when a natural disaster strikes there is a great need for aid
ma anche nelle nostre città esiste la miseria	but poverty exists also in our own cities
perciò forse è vero che la carità può cominciare a casa nostra	so maybe it's true that charity can begin at home
molta gente sceglie gli enti benefici a cui donare	many people choose the charities they donate to (to which to donate)
in base a quello che gli sta più a cuore	on the basis of what they feel closest to
promuovere iniziative su scala mondiale	to promote initiatives on a world wide scale
boicottare il trasporto di merci dannose sulle strade pubbliche	to boycott movement of dangerous goods on the public roads
fare pressione sugli enti responsabili perché ciò avvenga	to pressurise the responsible bodies to make it happen
premere sul governo perché faccia qualcosa	to press the government to do something

---

www.volint.it	*A site devoted to international voluntary organisations with a wide range of links dealing with organisations and initiatives throughout the world.*

12

Il contesto internazionale

12.1 Problemi mondiali

World problems

12.1.1 La povertà / la miseria

Poverty

la fame	hunger
morire di fame	to die of hunger
la carestia	famine
la siccità	drought
i disagi / le privazioni (*sing.* privazione)	hardships
la sovrabbondanza	superabundance; glut
disuguaglianze sociali	social inequalities
ineguaglianza economica	economic inequality
inequità nel commercio	unfair trading
il commercio equo ('equomercato')	fair trade

12.1.2 Il terzo mondo

The third world

paesi in via di sviluppo	developing countries
disparità con i paesi avanzati	disparity with the advanced countries
la disparità dei redditi	disparity of incomes
lo sfruttamento (sfruttare)	exploitation (to exploit)
l'immigrazione di massa	mass immigration
il traffico di persone / umano	people (human) trafficking
immigrati clandestini (i clandestini)	illegal immigrants (illegals)
attraversare il Mare Mediterraneo	to cross the Mediterranean
in povere barche	in poor little boats
e gommoni	and rubber dinghies
annegare	to drown

12.1.3 La globalizzazione

Globalisation

gli enti (l'ente) / gli organi / le agenzie internazionali	international agencies
il debito internazionale ed i paesi poveri	international debt and poor countries
gli investimenti	investments
gli aiuti finanziari	financial assistance
aiuto di ordine pratico	practical help (of a practical nature)
aiuti in natura	assistance in kind; material help
aiuti mirati con accuratezza	carefully targeted aid
affrontare i / far fronte ai / problemi	to face (up to) the problems
superare le difficoltà	to overcome the difficulties
la lotta	the struggle
coinvolgere	to involve
la lotta contro la miseria	the fight (struggle) against poverty
coinvolge tutti	involves everyone

12.1.4 Disastri naturali

Natural disasters

le calamità (*sing.* una calamità)	calamities; disasters (NB: *una calamita* – 'a magnet')
le alluvioni (*sing.* alluvione)	floods
straripare	to overflow; burst banks
i fiumi sono straripati	the rivers have burst their banks
la tempesta; il temporale	storm; thunderstorm
l'uragano; il ciclone	hurricane; cyclone
la siccità; le siccità	drought; droughts
i terremoti	earthquakes
zona (regione) sinistrata	disaster area
gente sinistrata (i sinistrati)	people affected by a disaster; disaster victims
i terremotati	earthquake victims
il maremoto ('lo tsunami')	tsunami ('seaquake')
la valanga (*pl.* valanghe)	avalanche
la frana	landslide

12.1.5 Il terrorismo   *Terrorism*

l'autobomba	car bomb
il kamikaze (*most common*)	
uomo-bomba	suicide bomber
attentatore suicida (*less common*)	
suicidarsi / uccidersi	to commit suicide / kill oneself
la strage / il massacro / l'eccidio	slaughter / massacre
le guerre civili	civil wars
l'oppressione	oppression
le mine terrestri	land mines
i campi minati	minefields
i profughi / rifugiati	refugees
un rifugio	a shelter
fuggire	to flee
fuggitivo / fuggiasco	fugitive
l'asilo politico	political asylum
il razzismo	racism
la discriminazione	discrimination

12.1.6 Le epidemie   *Epidemics*

le malattie infettive	infectious diseases
una pandemia	a pandemic
l'AIDS (*m*)	AIDS
morti dovute all'AIDS	AIDS-related deaths
l'aviaria (l'influenza aviaria)	bird flu
di fresca memoria	of recent memory
l'afta epizootica	foot and mouth disease
il morbo della mucca pazza	mad cow disease
l'influenza A / la nuova influenza / la febbre suina	swine flu
la malaria	malaria
misure di prevenzione	preventative measures
per il controllo dell'infezione	for the control of the infection
la vaccinazione	vaccination
l'isolamento	isolation
la quarantena	quarantine
mettere in quarantena	to quarantine / put into quarantine
i soccorsi	help / aid
la minaccia	the threat
le strutture sanitarie	health facilities

ci vuole molta cooperazione internazionale	we need a lot of international cooperation
la collaborazione internazionale è essenziale	international cooperation is essential
i ricchi devono aiutare i poveri	the rich have to help the poor
la classe politica deve fare il suo dovere	politicians have to do their duty
gli enti internazionali fanno grandi sforzi	the international agencies put in a lot of effort
speriamo in bene!	let's hope for the best!
il mondo è diviso da disuguaglianze / ineguaglianze	the world is split by inequalities
miseria circondata da ricchezze	poverty surrounded by riches
gente pacifica in preda a guerre	peaceful people a prey to wars
bambini sfruttati	children exploited
'nelle zone povere i bambini se lavorano muoiono di fatica; se non lavorano muoiono di fame' (Boutros Ghali)	'in the poor regions children die of fatigue if they work, and die of hunger if they don't' (Boutros Ghali)
l'obesità da una parte, la malnutrizione dall'altra	obesity on the one hand, malnutrition on the other
queste ineguaglianze contribuiscono all'immigrazione di massa	these disparities contribute to the mass immigration
c'è la piaga del traffico umano	there is the plague of human trafficking
centri di accoglienza	reception centres
alloggi temporanei	temporary shelter / housing
la lotta contro il terrorismo	the struggle against terrorism
coinvolge ogni paese	involves every country
sono coinvolti tutti i servizi segreti	all the secret services are involved
per combatterlo	to fight against (combat) it
se si potesse vivere in pace	if we could live in peace
sarebbe un bene	it would be a fine thing

www.onuitalia.it	*The gateway site for the United Nations in Italy, with links to all the different UNO agencies and news on activities.*	

12.2 L'Unione Europea (l'UE)   *The European Union (The EU)*

aderire a	to adhere to; assent to
l'aderenza / adesione	adherence
il trattato di Roma	the Treaty of Rome
firmatario	signatory
i paesi firmatari	the signatory countries
la trattativa	negotiation
il mercato comune	the Common Market
il mercato unico	the single Market
la moneta unica (l'euro)	the single currency (the Euro)
politica comunitaria	Community (EU) policy
il regolamento	regulation
le regole; le norme	the rules
allargare	to enlarge; broaden
l'allargamento	enlargement
dare il consenso / l'assenso	to give consent / assent
libera circolazione	freedom of movement
l'Accordo di Schengen	the Schengen Agreement
il Parlamento europeo	the European Parliament
parlamentare europeo ⎫	
membro del / deputato al ⎬	member of the European Parliament
Parlamento europeo ⎭	(MEP)
Il Consiglio dell'UE (ex Consiglio dei Ministri)	the Council of the EU (formerly Council of Ministers)
la Commissione europea	the European Commission

l'Unione Europea è cominciata con il Trattato di Roma	the European Union began with the Treaty of Rome
all'origine contava sei paesi membri	at the beginning it had six member states
adesso ne ha ventisette	now it has twenty-seven
con altri che vogliono entrare	with others who want to come in
unita nella diversità – questo è il motto dell'UE	united in diversity – this is the motto of the EU
offre meno frontiere e più opportunità	it offers fewer frontiers and more opportunities
si può lavorare ovunque	one can work anywhere
possibilità di studio quasi dappertutto	study possibilities nearly everywhere
scambi professionistici	professional exchanges

la libera circolazione dentro l'unione porta vantaggi	free movement within the union brings advantages
però complica il problema dell'immigrazione	but it complicates the immigration problem
l'allargamento ad altri paesi suscita polemiche di ordine politico	enlargement to include other countries arouses political controversy
ci sono argomenti di ordine finanziario	there are arguments of a financial nature
e campagne per ritirarsi dall'UE	and the campaigns to withdraw from the EU
o per lo meno per ridurla ad una semplice associazione commerciale	or at least to reduce it to a simple commercial association

www.europa.eu	*The official EU site linking in to all languages, with still further wide-ranging links.*

12.3 La politica

la politica	politics
la politica (*e.g.* la politica del governo)	policy (e.g. the government's policy)
il politico / i politici	the politician(s)
il partito (*NB:* la partita *means 'match' / 'game'*)	party (political)
il consiglio dei ministri	the cabinet
il presidente del consiglio / il primo ministro / il premier	the prime minister
il capo del governo	the head of government
il presidente della repubblica	the president of the republic
il capo dello Stato	the head of state
il ministro	the minister

NB: There is as yet no established norm for referring to a minister who is female. La ministra has been pressed into service, but does not yet appear to be widely favoured, probably sounding too close to la minestra ('soup')! When it comes to adjectives, one can find a way round by using e.g. il Ministro per il Turismo, la signora X, si dichiarava contenta ... ('the minister for Tourism, Signora X, said she was happy ...'). The problem does not arise with words such as presidente, which, being in effect a present participle like insegnante and cantante, can take either il or la. Similarly il / la titolare ('owner; person in charge'); il / la numero uno ('the number one; top'; e.g. la numero uno del Turismo – 'the head of Tourism'; la tennista numero uno – 'the number one female tennis player').

il ministero	the ministry
il ministro delle finanze	the finance minister (chancellor of the exchequer)
il ministro dell'istruzione	education minister
il ministro degli affari esteri	foreign minister
il ministro dell'interno	home secretary
il ministro per le pari opportunità	equal opportunities minister
il parlamento	parliament
la camera dei deputati	the House of Commons
i deputati	members of parliament
il senato	the senate
il senatore / la senatrice	senator
una proposta di legge	a bill (proposed legislation)
approvare una legge	to pass a bill / law
appoggiare una proposta	to support / second a proposal
respingere una proposta	to reject a proposal / bill
schierarsi con / contro	to side (line up) with / against
entrare in vigore	to come into force / take effect
la legislatura	parliamentary term
durante questa legislatura	during this parliament
il governo	the government
la maggioranza	the majority (i.e. the government)
l'opposizione	the opposition
il sistema proporzionale	the proportional system
il voto / votare	the vote / to vote
la votazione	(the act of) voting
le elezioni politiche (*pl. in Italian, even when sing. in English*)	general election
le elezioni amministrative	local (council) elections
sciogliere il parlamento	to dissolve parliament
indire le elezioni	to call an election(s)
indire elezioni anticipate	to call an early election
andare alle urne	to go to the country; call an election
l'affluenza alle urne	voter turnout
il seggio elettorale	polling station
la scheda di votazione	voting slip
i candidati	the candidates
la destra / il centrodestra	the right / centre-right
la sinistra / il centrosinistra	the left / centre-left
un partito di destra / di sinistra, ecc.	a party of the right / left, etc.
la circoscrizione (elettorale)	constituency
eleggere	to elect
gli elettori, l'elettorato	the voters, the electorate
il sondaggio	opinion poll

il presidente del consiglio è il capo del governo	the prime minister is the head of government
il partito di maggioranza forma il governo	the majority party forms the government
talvolta in coalizione con altri partiti	sometimes in coalition with other parties
si può votare all'età di diciotto anni	you can vote at eighteen years of age
il voto è un diritto civile	voting is a civil right
ma non un obbligo	but not an obligation
se non un obbligo morale	unless (it's) a moral obligation
è piuttosto un dovere del cittadino	it is rather a citizen's duty
il governo propone una legge	the government proposes a law
il parlamento l'approva	parliament passes it
poi la legge entra in vigore	then the law comes into force
alle elezioni si può cambiare il governo	at the elections the government can be changed
se un partito ha la maggioranza assoluta, può formare l'amministrazione (il governo)	if one party has the overall majority it can form the administration (government)
se no, deve allearsi con altri partiti	otherwise it has to ally itself with other parties
per formare un governo di coalizione	to make up (form) a coalition
l'affluenza alle urne è ancora abbastanza forte	voter turnout is still quite strong
soprattutto per le elezioni politiche	especially for general elections
ma, come nel resto dell'Europa, è in netto calo	but, as in the rest of Europe, is in sharp decline
i giovani amano manifestare in piazza	the young like to demonstrate on the streets
ma sono restii ad andare a votare	but are reluctant to go and vote
c'è una sfiducia crescente verso la politica in generale e verso i politici in particolare	there is a growing mistrust of politics in general and of politicians in particular
è questo un segno di una democrazia sana?	is this a sign of a healthy democracy?
oppure un monito per la classe politica?	or a warning to the political classes?

Any of the newspaper websites listed in Chapter 13 will provide the whole gamut of political vocabulary.

13.1 La radio e la televisione *Radio and television*

i mezzi di comunicazione	means of communication
i media, i mass-media	(mass) media

13.1.1 La tivù (la TV)   *TV (the telly)*

il televisore / la televisione	television set
accendere la televisione	turn on the television
radio	radio
spegnere	to switch off
il telecomando	remote control (for any gadget)
guardare la televisione	to watch television
ascoltare la radio	to listen to the radio
i telespettatori	(television) viewers
i radioascoltatori, gli ascoltatori	(radio) listeners
l'indice di ascolto	the ratings; viewing / listening figures

13.1.2 Registrare   *To record*

registrare su CD (*pronounced* cidì)	to record on CD
DVD (*pronounced* divudì)	DVD
il registratore (digitale)	(digital) recorder
il lettore DVD	DVD player
il canale	TV channel, radio station
la stazione radio(fonica)	radio station

13.1.3 Trasmettere (diffondere)   *To transmit / broadcast*

la trasmissione (*or* diffusione)	broadcast, transmission
la trasmissione via satellite	satellite transmission / broadcast
terrestre	terrestrial broadcast
digitale terrestre	digital terrestrial
criptata	encrypted transmission
in chiaro	non-encrypted transmission
a pagamento ('pay-per-view')	pay-per-view
in abbonamento	on subscription
andare in onda	to go on air
sullo schermo	on the screen

13.1.4 Il programma / i programmi *Programme(s)*

il telegiornale	the TV news programme
aggiornarsi	to keep up to date
un servizio dal nostro inviato	a report from our own correspondent
servizio aggiornato / notizie aggiornate	latest report / latest (updated) news
sul luogo	on the spot
sul luogo del delitto	at the scene of the crime
la pubblicità	adverts, advertising
uno spot (pubblicitario)	a commercial (i.e. advert)
la sigla	signature tune
lo spettacolo	show
lo spettacolo di varietà	variety show
la 'velina'	TV pretty girl assistant; 'showgirl'
la valletta	TV female presenter (of shows, but not a frivolous term like *velina*)
la presentatrice (*masc.* il presentatore)	female presenter (the normal 'serious' term)
un giallo	murder mystery
un teleromanzo	TV serial; soap opera
una telenovela	soap opera (derived from Spanish; also used to refer to any long-running scandal)
una fiction	TV fictional series
la puntata	episode
i sottotitoli	subtitles
televideo	teletext
una serie di programmi	a series of programmes
i cartoni animati	cartoons
la cronaca (di una partita)	commentary (on a match)
una cronaca in tempo reale, dal vivo	a live commentary
una partita in diretta	a match shown live

13.1.5 Il radiocronista / telecronista *Radio / TV commentator*

l'opinionista	'expert', pundit
commentare	to comment
fare un commento su ...	to give an opinion on ...
il conduttore / la conduttrice	presenter (i.e. the one who leads the programme)
il programma di attualità	current affairs programme
nella rubrica 'Oggi al Parlamento'	in the series 'Today in Parliament'
un dibattito televisivo	a television debate
la par condicio	'equal access' to media for all political parties (Latin phrase now part of political jargon – 'level playing field' – and much satirised)

oggi tutti guardano la televisione	today everyone watches television
si dice che le telenovele abbiano molto successo tra le signore	they say that soap operas are very popular with women
mentre gli uomini spesso vogliono guardare lo sport	while men often want to watch sport
dunque, bisogna avere due televisori in casa	so one needs two television sets in the house
sarà uno stereotipo, ma la pubblicità televisiva ci crede	it may be a stereotype but the TV commercials believe it
è interessante notare gli spot televisivi abbinati alle telenovele	it's interesting to take note of the commercial breaks in the soaps
e paragonarli con (a) quelli abbinati alle trasmissioni sportive	and compare them with those that come with sports broadcasts
sono indirizzati a un pubblico diverso o no?	are they addressed to different audiences or not?
gli spettacoli di varietà sono molto seguiti	variety shows have a great following
come pure i quiz	as are quiz shows
c'è molta politica alla televisione	there is a lot of politics on television
il che è noioso per i giovani	which is boring for young people
ai bambini piace guardare i cartoni animati	children like watching cartoons
così le madri hanno un po' di pace	in that way the mothers have a bit of peace
la televisione è diventata il mezzo di comunicazione più importante	television has become the most important means of communication
qualcuno dice che se non si vede in televisione non esiste	some people say that if it isn't on television it doesn't exist
un disastro naturale, per esempio, è appena rimarcato se non viene filmato dalla telecamera	a natural disaster, for example, is hardly noticed if it is not caught by a television camera
ci sono canali che diffondono le notizie del telegiornale ventiquattro ore su ventiquattro	there are channels which broadcast the news 24 hours a day
ormai la pubblicità è parte integrante di tutte le televisioni	advertising is now an integral part of all television
la BBC non fa pubblicità commerciale	the BBC does not do commercial advertising
ma trasmette molti spot pubblicitari per i propri programmi	but broadcasts a lot of publicity for its own programmes
mentre la RAI, benché sia un ente pubblico come la BBC, trasmette molta pubblicità di natura commerciale	whereas RAI, even though it is a public corporation like the BBC, broadcasts a lot of commercial advertising
la tecnologia televisiva ha fatto molti passi avanti negli ultimi anni	television technology has advanced greatly in recent years

una volta si diceva 'il piccolo schermo'	we used to say 'the small screen'
ora non più	not any more
gli schermi si sono ingranditi e allargati	screens have got bigger and wider
è quasi come se fossimo al cinema invece di essere in casa	it's almost as though we were at the cinema instead of being at home

www.rai.it	The site for Italian state broadcasting, giving full access to all television and radio programmes, background to the programmes, etc.
www.mediaset.it	The site for the largest private television network.

13.2 La stampa — *The press*

il giornale, il quotidiano	daily newspaper
il periodico	periodical; magazine
la rivista	magazine
l'edicola	news stand, kiosk
il giornalaio	newsagent
un settimanale	a weekly
un mensile	a monthly
una rivista settimanale	a weekly magazine
mensile	a monthly magazine
trimestrale	a quarterly (three-monthly) magazine
una rivista specializzata	a special interest (specialist) magazine
il rotocalco	glossy magazine
l'abbonamento	subscription
il / la giornalista	journalist
l'inviato/a, il / la corrispondente	correspondent
la redazione	editorial office
il redattore	editor
la stampa	printing (as well as 'the press')
la testata	masthead (i.e. the title of the newspaper)
i titoli (i grossi titoli)	(large) headlines
titoli a caratteri cubitali	banner / block headlines
la tiratura, la diffusione	circulation
il potere della stampa	power of the press
la libertà di stampa	freedom of the press
la censura	censorship

13.2.1 Gli articoli

Articles

la rubrica	column; section
le nostre rubriche: salute, società, sport	our sections: health, society, sport
la rubrica settimanale di X	X's weekly column
l'editoriale	editorial
l'attualità	current affairs (political and international news)
la cronaca	news (daily events, local and national)
l'articolo di fondo	leading article; 'in-depth' article; 'think piece'
l'intestazione / il titolo	heading, title

13.2.2 Le rubriche

Sections

annunci	announcements, notices
annunci familiari	births, marriages and deaths
piccoli annunci	small ads
il meteo	weather
l'enigmistica	puzzles
il rebus	puzzle, conundrum, enigma
il cruciverba	crossword
viaggi	travel
spettacoli	entertainment

vado all'edicola / dal giornalaio a comprare il giornale	I'm going to the newsagent's to buy a paper
hanno ogni genere di rivista	they've got all sorts of magazines
riviste per la casa, riviste femminili, riviste sportive, riviste specializzate sui computer, ecc.	magazines for the home, women's magazines, sports magazines, magazines specialising in computers, etc.
ci sono anche i rotocalchi con foto ed articoli su personaggi famosi del mondo del cinema e della TV	there are also the glossy magazines with pictures and articles about celebrities from the world of films and TV
le riviste / femminili trattano molti argomenti	women's magazines deal with many subjects
dalla casa alla carriera	from the home to the career
molte riviste sono mirate ai giovani	a lot of magazines are aimed at youngsters
e ai loro interessi	and at their interests
ho un amico che è appassionato di enigmistica in generale	I have a friend who is mad about puzzles in general

e dei cruciverba in particolare	and of crossword puzzles in particular
è bravo anche a fare i sudoku	he's also good at doing sudoku
io non sono capace di farli	I can't do them
i numeri non sono il mio forte	numbers are not a strong point for me
pazienza!	never mind!
un giornale di prestigio	an authoritative newspaper
i cui servizi sono affidabili	whose reports are to be trusted
i loro giornalisti hanno dei buoni contatti negli ambienti politici	their reporters have good contacts in the political sector
un giornale ad alta tiratura / di grande diffusione	a high circulation / widely read newspaper
può far pagare cara la pubblicità	can charge high advertising rates
la stampa come baluardo della democrazia	the press as a bulwark of democracy
talvolta un popolo ha la stampa che si merita	sometimes a nation has the press it deserves
i cosiddetti tabloid	the so-called tabloids
godono di una cattiva fama	have a bad reputation
vanno notoriamente in cerca di scandali e pettegolezzi	they are notorious for chasing after scandals and gossip
con i loro paparazzi	with their paparazzi
puntano sulla cronaca nera	they concentrate on news about crime and misfortunes
svelando i segreti	revealing secrets
e i retroscena (*sing.* **il retroscena**)	and intrigues (lit. 'what goes on behind the scenes')
a volte turbano le acque	they sometimes ruffle the surface (lit. 'disturb the waters')
per infrangere un tabù	to break a taboo
i giornalisti politici amano fare dietrologia	political journalists like looking for hidden agendas (lit. 'behind the appearance')
cioè, cercare un significato occulto dietro le parole o le azioni di qualcuno	that is, to look for a hidden meaning behind someone's words or actions
o, in altre parole, cercare un complotto	or, in other words, to look for a conspiracy
il giallo del cadavere ritrovato sul ciglio dell'autostrada	the mystery of the dead body found beside the motorway
la polizia indaga	the police are investigating
seguendo varie piste	following a number of leads
il crac della banca sarebbe dovuto al falso in bilancio	the collapse of the bank would appear to be due to false accounting / fraud (the conditional tense playing a similar role to the use of 'alleged' in English)
badate di non accettare le opinioni come se fossero dei fatti	be careful not to accept opinions as (if they were) facts

www.corriere.it	'Corriere della Sera'
www.repubblica.it	'La Repubblica'
www.thepaperboy.com	Lists all the Italian (and other countries') newspapers that are available online.
www.pubblinet.com	A wide-ranging site that has links to all Italian newspapers and magazines as well as covering a huge range of topics.

Cultura

14.1 Musica e teatro

Music and theatre

la sala da concerti	concert hall
l'auditorio	auditorium
l'orchestra sinfonica	symphony orchestra
il direttore d'orchestra	conductor
il maestro del coro	chorus master
i solisti	soloists
i professori d'orchestra	orchestra / orchestral players

14.1.1 La lirica
(*also* opera lirica *and* opera)

Opera

il teatro lirico	opera (in the sense of the art form)
il teatro dell'opera	opera house
la messinscena	production (i.e. the staging)
la regia	direction (stage, film, TV, etc.)
il / la regista	director
lo / la scenografo/a	set designer
lo scenario, l'allestimento scenico	sets
i costumi	costumes

14.1.2 Il teatro di prosa

Straight theatre

il palcoscenico	the stage
il sipario	curtain
calare il sipario	to bring down the curtain
la platea	stalls
il palco	box
la galleria (prima, seconda, ecc.)	circle, balcony, gallery (first, second, etc.)
il pubblico	audience
le luci della ribalta	footlights
essere alla ribalta	to be in the limelight
un lavoro teatrale / un dramma / una commedia	a play
l'autore	author
recitare	to act

provare	to rehearse
la prova generale	general (dress) rehearsal
la recita / rappresentazione	performance
lo spettacolo	show; performance
l'attore / l'attrice	actor / actress
il / la cantante	singer
gli interpreti	interpreters, players (i.e. singers, actors, etc.)
personaggi e interpreti	cast list (i.e. characters and players)
fare un provino	to do an audition

la lirica italiana è conosciuta in tutto il mondo	Italian opera is popular all over the world
soprattutto le arie più famose	especially the best known arias
che la gente ama cantare (si fa per dire) sotto la doccia	which people like to sing (in a manner of speaking) in the shower
ci sono molti festival di opera lirica d'estate	there are a lot of opera festivals in summer
ma ci sono anche i maxi-concerti rock	but there are also the big rock concerts
che si tengono all'aperto nelle piazze, nelle arene o nei parchi	which are held in the open in the public squares, in the arenas or in the parks
a Londra ci sono molti teatri con attori di fama internazionale	in London there are a lot of theatres with internationally famous actors
il teatro di prosa è molto seguito in Inghilterra	the straight theatre has a great following in England (Britain)
anche dai turisti che studiano l'inglese	also among tourists who are studying English
lo spettacolo ebbe un successo strepitoso	the show was a resounding success
applausi scroscianti	tumultuous applause
di un pubblico in piedi	from an audience on its feet
visibilmente entusiasmato dallo spettacolo	visibly enthused by the show
gli attori furono chiamati diverse volte alla ribalta	the actors had to take a number of curtain calls
i biglietti andarono a ruba	the tickets went like hot cakes
i bagarini facevano affari d'oro	the ticket touts did a roaring trade
la gente era disposta a pagare qualsiasi prezzo	people were willing to pay any price
pur di poter dire 'c'ero anch'io'	just to be able to say 'I was there too'

14.2 Le belle arti — *Fine arts*

la pinacoteca la galleria d'arte }	art gallery
la mostra	exhibition
la pittura	painting
la scultura	sculpture
le arti plastiche	the plastic arts
dipingere	to paint (artistic sense; also means 'depict')
raffigurare	to represent; depict
dipingere a olio	to paint in oils
ad affresco	fresco
olio su tela	oil on canvas
l'affresco / gli affreschi	fresco(es)
disegnare	to draw
il disegno	drawing (also means the overall design)
l'abbozzo / lo schizzo	sketch(plan), rough sketch
verniciare (*also* pitturare)	to paint (domestic sense, e.g. a door)
verniciare	to varnish (both artistic and domestic)
mettere una mano di vernice	to put on a coat of paint
il pittore	painter, artist
l'imbianchino	painter (domestic, i.e. 'house painter')
il quadro	picture
la cornice	frame; border (also used figuratively in the sense of setting)

io non sono bravo a pitturare	I'm no good at painting
al massimo posso verniciare una porta	at most I can paint a door
ma non ho la mano dell'artista	but I don't have an artistic hand
però mi piace vedere i quadri in una galleria d'arte	but I do like looking at pictures in an art gallery
quale periodo trova più attraente?	which period do you find most attractive?
preferisco gli impressionisti francesi	I prefer the French Impressionists
sono più facili da capire	they are easier to understand
in Italia molte opere d'arte si trovano nelle chiese	in Italy a lot of works of art are to be found in churches
Giotto dipinse la Cappella degli Scrovegni a Padova	Giotto painted the Scrovegni Chapel in Padua
la Cappella Sistina nel Vaticano a Roma è di Michelangelo	the Sistine chapel in the Vatican in Rome is by Michelangelo
non dimentichiamo i pittori più moderni come Modigliani	don't let's forget more modern painters such as Modigliani

la cornice vale più del quadro	the frame is worth more than the picture
Raffaello raffigura la Madonna in tantissimi suoi quadri	Raphael depicts the Madonna in very many of his pictures
nella splendida cornice di Venezia esiste un patrimonio mondiale di opere d'arte	in the splendid setting of Venice there exists a world heritage of works of art
nella mostra retrospettiva sono raggruppati (riuniti) tutti i quadri più noti dell'artista (la mostra raggruppa / riunisce, ecc)	the retrospective exhibition brings together all the artist's best known paintings
ci sono opere d'arte dappertutto in Italia	there are works of art everywhere in Italy
sono sparse ovunque	they are scattered everywhere (*spargere* – 'to scatter / spread')
la storia dell'arte fa parte del programma di studi delle scuole	history of art is part of the school curriculum
disegno e colore sono le due caratteristiche fondamentali dell'arte italiana	design and colour are the two fundamental characteristics of Italian art

14.3 Letteratura *Literature*

il romanzo	novel
la novella	novella
il racconto	short story
la poesia	poetry
la narrativa	fiction
lo scrittore / la scrittrice	writer
l'autore / l'autrice	author
l'editore	publisher
la casa editrice	publishing house
la collana	series
un romanzo uscito nella collana ...	a novel published in the series ...
il tascabile	paperback
formato tascabile	pocket sized
un dizionario tascabile	a pocket dictionary
premio letterario	literary prize
il romanzo poliziesco	detective novel
il romanzo di spionaggio	spy novel
il giallo	mystery story; detective story
il saggio	essay
il memoriale	memoir
l'autobiografia / la biografia	autobiography / biography
la fantascienza	science fiction
il libro di storia	history book
la storia	history (also 'story')

una storia d'amore / sentimentale	a love story
una storia d'amore (*or simply* 'una storia')	a love affair; an affair
il principe aveva una storia con un'attrice	the prince had an affair with an actress

14.3.1 Il personaggio — *The character*

il personaggio principale	the main character
il / la protagonista	the main character; principal part
personaggi simpatici e antipatici	likeable and unpleasant characters
personaggio affascinante	fascinating character
il carattere	character i.e. nature, temperament
avere un buon carattere	to be good-natured
avere un brutto carattere	to be bad-tempered
avere carattere	to have strength of character / firmness

14.3.2 La trama — *The plot, the story*

lo sviluppo della trama	the development of the story
il romanzo è ambientato in Italia	the novel is set in Italy
nel periodo del dopoguerra	in the post-war period
nel periodo risorgimentale	in the time of the Risorgimento
nell'Ottocento	in the 1800s; in the nineteenth century
nell'alta borghesia	among the upper middle classes
nella classe operaia / nel ceto operaio	among the working class
un racconto avvincente / trascinante	a gripping story
immergersi nel racconto	to immerse oneself / get right into the story
una vicenda travolgente	an overwhelming event
un evento che travolge tutti	an event that overwhelms everyone
un conflitto familiare	a family conflict
uno scontro tra generazioni	a clash of generations
finire in tragedia	to end in tragedy
con esito tragico	with a tragic result

14.3.3 Linguaggio narrativo / descrittivo — Narrative / descriptive language

ricco di fantasia	full of imagination
pieno di sfumature	full of nuances
lo stile	the style
scritto in uno stile essenziale / scarno	written in a plain / spare style
stile ricco / florido	rich / florid style
stile sperimentale	experimental style

14.3.4 Il tema / il soggetto / l'argomento — The theme

trattare un tema	to deal with, address, a subject / theme
trattare di ...	to be about ...
il libro tratta delle vicende di una famiglia operaia	the book is about the doings of a working-class family
tratta il tema della disoccupazione	it deals with the subject of unemployment
temi di vita quotidiana	themes of daily life
di natura universale	of a universal nature

14.4 Cinema — Films

andare al cinema	to go to the cinema
andare a vedere un film	to go to see a film
la maschera	usher / usherette (i.e. used for both male and female; cf *la guardia*)
il film	film
un film hollywoodiano	a Hollywood film
il / la regista	the director
regia di ...	directed by ...
la stella	star
i divi del cinema	film stars
il cartone animato	(animated) cartoon
Topolino	Mickey Mouse
Paperino	Donald Duck
Braccio di Ferro	Popeye

il cortometraggio	short (film)
il lungometraggio	full-length film
la colonna sonora	sound track
il neorealismo	neo-realism
girare un film / una scena	to shoot a film / a scene
doppiare il dialogo	to dub the dialogue
il doppiaggio	dubbing
la sceneggiatura	screenplay
lo sceneggiatore	script writer
essere sul set	to be on the set
il ciac	clapperboard
ciac! si gira!	action! camera!
una ripresa	a take
la cinepresa	cine camera
il cameraman	cameraman
in versione originale	in the original language
con sottotitoli	with subtitles
una prassi che risulta molto utile per coloro che studiano la lingua	a practice which turns out to be very useful for those who are studying the language

mi piace leggere romanzi polizieschi	I like reading detective novels
e mi piacciono i film di fantascienza	and I like science-fiction films
vado volentieri (mi piace andare) al cinema	I like going to the pictures / cinema
mi piacerebbe visitare il set quando girano un film	I would like to visit the set when they are shooting a film
deve essere bello lavorare nell'industria del cinema	it must be good to work in the film industry
non solo come attore / attrice	not just as an actor / actress
ma anche per esempio come truccatore / truccatrice	but also for example as a make-up artist
ma forse farò solo la maschera nel cinema locale	but maybe I'll only be an usherette in the local cinema
almeno potrò vedere i film gratis	at least I'll be able to watch the films for nothing
ai bambini piacciono molto i cartoni animati	children love cartoon films (cartoons)
per lo più, i personaggi hanno nomi italiani	most of the time the characters have Italian names
i preferiti sono sempre Topolino e Paperino	the perennial favourites are Mickey Mouse and Donald Duck

si può dire che l'arte del ventesimo secolo è il cinema	it can be said that the art of the twentieth century is the cinema
da lì sono venute le grandi icone del nostro tempo	from there have come the great icons of our time
la forza dominante dell'industria cinematografica è sicuramente Hollywood	the dominant force in the film industry is certainly Hollywood
ma altre nazioni stanno segnando la loro presenza con un cinema diverso	but other countries are making their mark with a different kind of cinema
un cinema che aspira a riflettere la loro diversa realtà	a cinema which aspires to mirror their own different reality
come descriverebbe l'ultimo film che ha visto?	how would you describe the last film you saw?
che tipo di carattere aveva il / la protagonista?	what kind of nature did the lead character have?
dov'era ambientato, e in quale periodo?	where was it set, and in what period?
se lei fosse uno scrittore / una scrittrice, che tipo di romanzo scriverebbe?	if you were a writer, what kind of novel would you write?
quali temi tratterebbe?	what themes would you address?
la fantascienza gode di molta popolarità	science fiction is very popular (enjoys a lot of popularity)
come mai?	how come?
lasciamo la spiegazione agli esperti di sociologia	let's leave the explanation to the sociology experts

www.teatro.org	A general website on the theatre in Italy, with lots of links.
www.piccoloteatro.org	The site for the Piccolo Teatro di Milano, one of the most famous straight theatres in Italy.
www.ilsistina.com	The Teatro Sistina in Rome, home of musicals, jazz and popular music.
www.teatroallascala.org	La Scala, Milan – the world-famous opera house.
www.teatrolafenice.it	The historic Venice opera house.
www.maggiofiorentino.com	The site for the Florence music festival.
www.mclink.it/com/itnet/ cinema/cinelink.htm	A site giving links to just about everything connected with Italian cinema, from historical clips to magazines and current reviews.

15 Detti e proverbi

Like most other languages, Italian has a vast repertoire of proverbs and other sayings which form a natural part of normal speech. The following is only a small selection of those which are in such frequent use that they almost cease to be proverbs. Just as in English, people will often only say one part of the proverb, the rest being tacitly understood, e.g. 'out of sight...', lontano dagli occhi .... They are very useful both in speaking and writing to give colour and naturalness to what you are trying to express. The sayings (detti) are so ingrained that they no longer seem to have come from proverbs or to be metaphors. All these phrases, once used, tend to stick in the mind, giving you a permanent store not just of vocabulary, but of language in action – turns of phrase that can be adapted to many a situation. Most of those listed here have an equivalent idea in English, though, as you can see, they often use a different image. In other words tutto il mondo è paese – 'people are the same the world over' (literally 'the world's a village').

15.1 Proverbi — *Proverbs*

anno nuovo, vita nuova	new year, new life
batti il ferro finché è caldo	strike while the iron's hot
campa cavallo che l'erba cresce	live, horse, and you'll get grass (be patient, and things will work out)
chi va piano va sano e va lontano	slow and steady wins the race (lit. 'he who takes his time is healthy and goes far')
con le buone maniere si ottiene tutto	good manners will take you anywhere (manners maketh man)
da cosa nasce cosa	one thing leads to another
fidarsi è bene, ma non fidarsi è meglio	you can never be too careful (lit. 'it's fine to trust, but better not to')
finché c'è vita c'è speranza	while there's life there's hope
frutto proibito, frutto saporito	forbidden fruit tastes sweeter
gallina vecchia fa buon brodo	the older the fiddle the better the tune (lit. 'the old hen makes good broth')
la goccia che fa traboccare il vaso	the straw that broke the camel's back (lit. 'the drop that makes the glass spill over')
(la parola è d'argento), il silenzio è d'oro	(words are silver,) silence is golden
una parola tira l'altra	one word leads to another
i panni sporchi si lavano in famiglia	don't wash your dirty linen in public
l'abito non fa il monaco	it's not the clothes that make the man (lit. 'the habit maketh not the monk', 'cucullus non facit monacum')

la fretta è cattiva consigliera	look before you leap (lit. 'haste is a bad counsellor')
la notte porta consiglio	sleep brings wise counsel (i.e. sleep on it)
l'appetito vien mangiando	eating fuels the appetite
la speranza è l'ultima a morire	hope springs eternal (lit. 'the last to die')
l'occasione fa l'uomo ladro	opportunity makes the thief
lontano dagli occhi, lontano dal cuore	out of sight, out of mind (lit. 'far from the heart')
l'uomo propone, Dio dispone	man proposes, God disposes
mal comune, mezzo gaudio	a problem shared is a problem halved
non tutti i mali vengono per nuocere	every cloud has a silver lining (lit. 'not all evils come to bring harm')
meglio tardi che mai	better late than never
nel bisogno si conosce l'amico	a friend in need is a friend indeed
non c'è due senza tre	troubles come in threes (lit. 'never two without three')
non puoi veder il bosco se sei tra gli alberi	you can't see the wood for the trees
non stuzzicare il cane che dorme	let sleeping dogs lie
occhio per occhio, dente per dente	an eye for an eye, a tooth for a tooth
occhio non vede, cuore non duole	what the eye doesn't see, the heart doesn't grieve over
paese che vai, usanza che trovi	when in Rome do as the Romans do
pietra che rotola non fa muschio	a rolling stone gathers no moss
quando la nave affonda i topi scappano	rats scurry from a sinking ship
quando la pera è matura cade da sola	when the pear is ripe it falls by itself
ride bene chi ride ultimo	he who laughs last laughs loudest
se son rose fioriranno (se son spine pungeranno)	the proof of the pudding is in the eating (lit. 'if they're roses they'll bloom [if they're thorns they'll sting]')
si mangia per vivere, non si vive per mangiare	you eat to live, not live to eat
tutti i nodi vengono al pettine	(sooner or later) your sins will find you out (lit. 'all the knots get caught up in the comb')
tutto è bene quel che finisce bene	all's well that ends well
una mano lava l'altra (e tutte e due lavano il viso)	you scratch my back, I'll scratch yours (lit. 'one hand washes the other – and both together wash the face')
una mela al giorno leva il medico di torno	an apple a day keeps the doctor away

15.2 Detti (e frasi fatte) *Sayings (and clichés)*

piove sul bagnato	1. it never rains but it pours (i.e. used about a misfortune) 2. some people have all the luck (i.e. used ironically about a piece of good fortune) (lit. 'rain is falling on wet ground')
piovere dal cielo	to come out of the blue / from nowhere
cadere / cascare dalle nuvole	to be astonished / astounded
come un fulmine a ciel sereno	like a bolt from the blue
un colpo di fulmine	love at first sight (from the French *coup de foudre*)
tirare acqua al proprio mulino	to act in one's own interests
è acqua passata	that's all in the past; water under the bridge
con l'acqua alla gola	at one's last gasp (lit. 'with water up to the throat')
indebitato fino al collo	up to one's neck in debt
è la scoperta dell'acqua calda	it's obvious (i.e. like discovering hot water)
è l'uovo di Colombo	it's obvious when you know how (Columbus stood an egg on its end by bashing the bottom, proving that anyone could have done it, but not until he showed them)
come due gocce d'acqua	like two peas in a pod (lit. 'like two drops of water')
fare un buco nell'acqua	to draw a blank; fail / get nowhere (lit. 'make a hole in the water')
in fretta e furia	in a tearing hurry
andare su tutte le furie	to fly into a rage
perdere le staffe	to lose one's temper, fly off the handle
perdere la bussola	to lose one's head, become confused
cadere dalla padella nella brace	to leap from the frying pan into the fire
molto fumo, poco arrosto	all show and no substance; a lot of hot air (lit. 'a lot of smoke and no roast')
tirare / cavare le castagne dal fuoco	to pull the chestnuts out of the fire
un fuoco di paglia	a flash in the pan (lit. 'a straw fire')
molto rumore per nulla	much ado about nothing
sbagliando s'impara	you learn from your mistakes
il rovescio della medaglia	the other side of the coin
un altro paio di maniche	another kettle of fish, quite another story
un asso nella manica	an ace up one's sleeve

piantare in asso	to leave in the lurch, leave someone standing
avere i piedi per terra	to have one's feet on the ground; be practical
pestare i piedi a qualcuno	to get in someone's way; be annoying
partire con il piede giusto (sbagliato)	to set off on the right (wrong) foot
fare il passo più lungo della gamba	to overreach oneself; bite off more than one can chew (lit. 'take a step longer than one's leg')
essere in gamba (in gambissima)	to be on the ball / switched on / smart (also 'healthy', 'fit')
a(d) occhio e croce	at a guess; approximately
buono come il pane	as good as gold
bello/a come il sole	absolutely beautiful (i.e. like the sun)
contento come una pasqua	as happy as Larry
alla buona	simply; plainly; informally
alla grande / in grande	in a big way
siamo al bivio	we're at a crossroads (i.e. faced with a choice)
ognuno va per la sua strada	everybody goes his own way
fare il / un doppio gioco	to double-cross
essere alla frutta	to hit rock bottom / have no more to offer (lit. 'to have reached the fruit', i.e. the end of the meal)
arrivare alla frutta	to turn up at the end
con le spalle al muro	with one's back to the wall
agli sgoccioli	getting to the end; on one's last legs
scamparla bella (l'ha scampata bella) scamparsela bella (se l'è scampata bella) }	to have a narrow escape (he had a close call)
prendere qualcuno / qualcosa sottogamba	to underestimate someone / something
parlare a quattr'occhi	to speak privately / in confidence (between two people) (lit. 'for four eyes only')
detto fatto	no sooner said than done
come non detto	forget it! as you were! forget I said it
detto fra noi	between ourselves
vale a dire / in altre parole	in other words
si fa per dire	in a manner of speaking
per modo di dire	so to speak, in a manner of speaking
e via discorrendo	and so on and so forth (of speech)
e compagnia bella (*in this phrase only, the normal stress falls on the a and not on the usual i*)	and so on and so forth (of people)

per farla breve	in short, to cut a long story short
parlare a vanvera	to talk nonsense
rispondere per le rime	to give a sharp reply, come straight back at
rendere pan per focaccia	to give as good as you get, tit for tat
in un modo o nell'altro	one way or another
scherzi a parte	joking aside
stammi (mi stia) a sentire	listen to me
nei panni tuoi / se fosse in te	in your place; if I were you
non è né carne né pesce	it's neither fish nor fowl
se non è vero è ben trovato	it may not be true but it's a good story (lit. 'if it's not true it's well invented')
non so più che pesci pigliare	I don't know which way to turn (lit. 'I no longer know which fish to take')
fare buon viso a cattiva sorte / a cattivo gioco	to put a brave face on things; make the best of a bad job; grin and bear it
masticare amaro	to feel bitter
stringere i denti	to grit one's teeth
sudare sette camicie	to sweat blood
un salto nel buio	a leap in the dark
col senno di poi	with hindsight
mandare a farsi benedire / mandare a quel paese	to tell someone to get lost
sentire puzza di bruciato	to smell a rat (lit. 'something burning')
montarsi la testa	to get above oneself, become too big for one's boots
non avere peli sulla lingua	to speak frankly; be outspoken
cercare il pelo nell'uovo	to split hairs; to nitpick
per un pelo	by a hair's breadth
per il rotto della cuffia	by the skin of one's teeth
non vendere la pelle dell'orso prima di averlo ucciso (preso)	don't count your chickens before they are hatched (lit. 'don't sell the bearskin before you've killed / caught it')
rimanere con un pugno di mosche	to finish up with a handful of dust (i.e. empty-handed) (lit. 'a fistful of flies')
la ciliegina sulla torta	the icing (lit. 'the cherry') on the cake
la prova del nove	the acid test

15.3 Qualche esclamazione! *A few exclamations!*

macché!	no way!
nemmeno (neanche) per sogno	no way! not even in your dreams!
anzi!	quite the opposite!
altroché! (altro che!) (ti sei divertito? altroché!)	certainly! I should say so! (did you enjoy yourself? I should say so! / absolutely!)
addirittura!	you don't say! really! is that a fact!
BUT altro che divertirmi – mi sono annoiato	enjoy myself? quite the opposite, I was bored
eccome!	and how!
mah! (*doubtful*)	maybe, but I don't think so; I really don't know
mah! (*resigned*)	well, I suppose so
era ora!	about time too!
magari!	if only!
magari fosse vero!	if only it were true!
BUT magari + *indic.* (magari è vero)	maybe (maybe it's true)
occhio! / attento!	look out! careful!
accidenti!	good grief! etc.
perbacco!	by Jove! Heavens! etc.
oddio ...	er ... (searching for a word)
prego?	sorry? come again? (i.e. would you repeat that, please?)
prego!	my pleasure! don't mention it! (response to *grazie*)
mi dispiace	I'm sorry
spiacente ma ...	sorry, but ...
si figuri / ci mancherebbe altro	no trouble! don't mention it!
to' (= prendi)	here, take this!
to'	gosh! (exclamation of surprise)
to' sei già qui?	gosh – you're here already?
Dio! Dio mio! Dio buono, ecc.	oh God! my God! good God! etc. ('dear me!' comes directly from *dio mio*)
santo cielo!	good heavens, etc.
per carità!	for Heaven's sake!
caspita!	good grief! etc.
davvero?	is that so / true?
oh bella!	you don't say! well, I never!
questa è bella!	that's a good one! a likely story!
che diavolo!	oh hell!
che diavolo stai facendo?	what the devil are you doing?
al diavolo ... (*e.g.* i soldi)!	to hell with ... (e.g. the money)!
giù le mani!	hands off!
mannaggia! / mannaggia la miseria	damn! blast! etc.
porca miseria!	damn! etc.

però! dai! ma dai! ma va'!	you don't say! come on! go on!
	you're kidding!
piano!	go easy! slow down!
pazienza!	never mind! so be it! tough!
tocca ferro	touch wood, knock on wood
abbi pazienza!	please! hang on! just a minute!
basta!	that's enough!
basta e avanza!	more than enough!

16   Falsi amici

We can often find ourselves on the wrong track by assuming that words which look very similar must mean the same thing. This is not always so. Here are some of the more common verbal banana skins lying on the path of the unwary English speaker.

assistere (a)	to be present (at); to attend
attendere	to wait (for); expect
attitudine	aptitude; posture
attualmente	at present
commozione	emotion; feelings
confidenza	familiarity; intimacy
conveniente	suitable; worthwhile
disgrazia	misfortune; mishap
duomo	cathedral
educazione	good manners; upbringing
eventuale	possible
eventualmente	in case; in the event that …
fattoria	farm
firma	signature
fornitura	supply
fornitore	supplier
infortunato/a	injured
lettura	reading
locazione	lease; rent; hire
magazzino	store room; warehouse; (grande magazzino – *'department store'*)
motorista	engineer; engine mechanic
nubile (*bureaucratic*)	single; unmarried (woman) – without the connotations of the English 'nubile'
occorrere	to be needed
parenti	relatives
pavimento	floor; flooring
petrolio	oil; petroleum
pretendere	to claim
pulire	to clean

to assist	aiutare
to attend	partecipare a; frequentare; essere presente a
to attend to	badare a; assistere; occuparsi di
attitude	atteggiamento
actually	veramente; esattamente; a dire il vero; etc.
commotion	agitazione; tumulto; somossa
confidence	fiducia
convenient	comodo; utile; adatto (un momento adatto)
disgrace	vergogna; disonore
dome	cupola
education	istruzione (*but also 'education' as in* educazione fisica)
eventual	finale, conclusivo
eventually	alla fine; finalmente
factory	fabbrica (*'factory farm'* – allevamento in batteria); stabilimento
firm	ditta; società; azienda
furniture	mobilio; mobili
unfortunate	sfortunato/a
lecture	conferenza; lezione (*university lecture*)
location	posto; sito
magazine	rivista; periodico; rotocalco
motorist	automobilista
to occur	accadere; succedere
parents	genitori
pavement	marciapiede; *also* marciapiedi (*m. sing.*)
petrol	benzina
pretend	fingere; simulare; fare finta di
to polish	lucidare

processo	trial (i.e. court trial)
questione	problem; matter ; issue (i.e. 'question' when used with those meanings)
rapire	to kidnap
ricetta	recipe
ricoverare	to send to hospital
stampare	to print
suggestione	strong impression; fascination
suggestivo	impressive; stimulating – without the connotations of the English 'suggestive'
tastare	to touch; finger; feel (*un tasto* – 'a piano key')
veste	garment; robe

process	procedimento (processo *when applied to scientific and industrial processes*)
question	domanda
to question	fare domande; interrogare
to rape	stuprare
receipt	ricevuta
to recover	riprendersi; guarire; ristabilirsi
to stamp	calpestare (con i piedi); bollare / timbrare / convalidare (un documento)
suggestion	suggerimento; proposta
to taste	gustare; assaggiare; assaporare (*fig.*)
vest	canottiera; maglietta

SMS Italiano

Texting on the mobile (cellulare / telefonino) *is alive and thriving in Italy as much as anywhere. The principles for compressing text are similar – i.e. eliminate vowels as far as possible, and use mathematical symbols to stand in for words. The symbols most used are:*

x, *which stands for* per (**2x2** = *two times two;* **2x2** = due per due)

+ *for* più *(also sometimes for* -issimo*)*

- *for* meno

1 *for* uno; **6** *for* sei *(***t6** = tu sei*)*

In addition, Italian texters use **k** *to stand in for* ch.

Here are some of the common txtspk phrases:

amore per sempre	**amxse**
a presto	**ap**
anche	**anke**
bene	**bn**
capito	**cpt**
ci vediamo dopo	**cvd**
ci vediamo domani	**cvdm**
che, chi	**ke, ki**
come	**km**
con	**kn**
comunque	**cmq**
cosa	**ks**
domani	**dm**
dopo	**dp**
destra, sinistra	**dx, sx**
dove	**dv**
dove sei?	**d6**
forse	**frs**
numero	**nm**
non	**nn**
per	**x**
perché	**xke**
per me	**x me**
però	**xò**
qualche	**qlk**
qualcosa	**qlks**
qualcuno	**qlk1**
più o meno	**+o-**
ti telefono più tardi	**t tel + trd**
treno	**3no**
tu sei	**t6**
tanti baci	**xxx**

18

L'uso del congiuntivo

In Italian, unlike English, the subjunctive, both present and past, is a normal part of everyday speech. In general it expresses uncertainty. It is quite simple to form and to remember. When we see the subjunctive in English we recognise it because it seems to use the wrong form: 'if I were' instead of 'if I was', 'be he rich or poor' instead of 'is he'. In Italian, too, the present subjunctive seems to have the wrong endings (io compri instead of io compro; io venda instead of io vendo), while the imperfect subjunctive stands out because of the double 's' in the endings.

The subjunctive is normally used in a dependent clause introduced by the word che. It is also used after conjunctions (so called because they join two parts of a sentence together). Some, such as quindi ('therefore') usually point to a definite fact, so are followed by the indicative. But some conjunctions give a sense of uncertainty, so they are followed by a verb in the subjunctive.

NB: You use the subjunctive only when the subjects of the main clause and the dependent clause are different people. When the subject of both clauses is the same person, you use the infinitive.

18.1 Congiunzioni che vanno seguite dal congiuntivo / Conjunctions that are followed by the subjunctive

benché sebbene quantunque	although
affinché perché	so that; in order that (NB: perché followed by indicative means 'because' or 'why')
purché a patto che a condizione che	as long as; provided that; on condition that
a meno che ... non	unless (e.g. non posso venire a meno che qualcuno non mi accompagni – 'I can't come unless someone comes with me')
caso mai nel caso che qualora	in case, supposing

| prima che | before (e.g. *devo finire prima che ritornino* – 'I have to finish before they come back') |
| senza che | without (e.g. *siamo usciti senza che ci vedesse nessuno* – 'we went out without anyone seeing us') |

18.2 Verbi e frasi che vanno seguiti dal congiuntivo / *Verbs and phrases that are followed by the subjunctive*

After verbs of wishing, preferring, suggesting, etc. + *che*

| voglio che tu venga con me | I want you to come with me |

With verbs of permitting, forbidding, advising and ordering

| lasciate che passi la signora | let the lady pass (NB: the infinitive can be used here: *lasciate passare la signora*) |

After verbs expressing states of mind such as belief, opinion, emotion (fear, joy, sorrow, surprise, etc.), doubt and denial + *che*

| abbiamo dubitato che fosse un vero Rolex | we doubted (didn't think) that it was a real Rolex |
| credo che tu abbia ragione | I think you're right |

After verbs of seeing, knowing, understanding, etc. when used in the negative, when the verb is usually followed by *come* (how) or *se* (if, whether)

| non vedo come abbia potuto sapere | I don't see how he (she, you) could have known |
| non sappiamo ancora se sia possibile | we don't know yet if it's possible |

After the following impersonal expressions and phrases

bisogna che	it is necessary that (one needs to)
è possibile che	it is possible that
è inutile che	it is useless (to) (e.g. *è inutile che si lamenti* – 'it's useless for one to complain, it's no use anyone complaining')
(è) peccato che	it is a pity that (e.g. *peccato che sia già chiuso* – 'it's a shame it's already closed')

NB: *When the subject of the independent clause is also impersonal you can use the infinitive instead (e.g. è inutile lamentarsi – 'it's no good complaining').*

After indefinite pronouns, adverbs and adjectives (usually ending in -*unque*)

chiunque	whoever (e.g. *un premio a chiunque riesca ad indovinare!* – 'a prize to whoever manages to guess right!')
dovunque	wherever (e.g. *seguila dovunque vada* – 'follow her wherever she goes')
comunque	however
qualunque / qualsiasi	whatever

After superlative adjectives + *che*

questo è il miglior vestito ch'io abbia   this is the best dress I have ever worn
  mai indossato

19

Verbi con preposizioni

When you have a first verb followed by another verb in the infinitive, sometimes you need a preposition between the two verbs. The two prepositions which can be used in this way in Italian are **a** and **di**. However, in some cases there is no need for a preposition between the main verb and the infinitive. You should learn the most common structures, as given in the lists below.

19.1 Verbi seguiti dall'infinito senza preposizione
Common verbs followed by the infinitive with no preposition

amare	to love to
bastare	to suffice, to be enough (impersonal)
bisognare	to need (impersonal)
desiderare	to want to
dovere	to have to
fare	to make (something happen)
lasciare	to allow to
occorrere	to be necessary (impersonal)
osare	to dare to
parere / sembrare	to seem to
piacere	to please
potere	to be able to
preferire	to prefer to
sapere	to know how to
sembrare	to seem to
sentire	to hear (something happening)
vedere	to see (something happening)
volere	to want to

19.2 Verbi seguiti da 'a' + l'infinito

Common verbs followed by a + the infinitive

affrettarsi a	to hurry to
aiutare a	to help to
andare a	to go to (do something)
cominciare a	to begin to
continuare a	to continue to
correre a	to run to (do something)
costringere a	to compel to
decidersi a	to make up one's mind to
dedicarsi a	to devote oneself to
divertirsi a	to enjoy oneself (doing something)
imparare a	to learn to
incoraggiare a	to encourage to
insegnare a	to teach to
invitare a	to invite to (do something)
mandare a	to send to (do something)
mettersi a	to begin to
persuadere a	to persuade to
preparare a	to prepare to
provare a	to try to
riprendere a	to resume (doing something)
riuscire a	to succeed in, to manage to
servire a	to be good for
stare a	to stay, stand (doing something)
tornare a	to return to (doing something)
venire a	to come to (do something)

19.3 Verbi seguiti da 'di' + l'infinito

Common verbs followed by di + the infinitive

*The following verbs take **di** when followed by an infinitive (but **che + subjunctive** with another clause, e.g.* non accetto che sia giusto *– 'I don't accept that it's fair'):*

accettare di	to accept (doing)
accorgersi di	to notice (doing)
ammettere di	to admit to
aspettare di	to wait to
aspettarsi di	to expect to
avere bisogno di	to need to
avere fretta di	to be in a hurry to
avere il tempo di	to have the time to
avere l'impressione di	to have the feeling of (doing)
avere intenzione di	to intend to
avere paura di	to fear to
avere vergogna di	to be ashamed to
avere voglia di	to feel like
cercare di	to try to
cessare di	to cease (doing)
chiedere di	to ask to
comandare di	to order to
consigliare di	to advise to
credere di	to believe (that one is doing something)
decidere di	to decide to
dimenticar(si) di	to forget to
dire di	to tell to
domandare di	to ask to
dubitare di	to doubt (that one is doing something)
fare a meno di	to do without (doing something)
fingere di	to pretend to
finire di	to finish (doing something)
impedire di	to prevent (doing something)
minacciare di	to threaten to
offrire di	to offer to
pensare di	to plan to
pentirsi di	to repent (of doing something)
permettere di	to allow (to do something)
pregare di	to beg to

promettere di	to promise to
proporre di	to propose to
rendersi conto di	to realise
ricordarsi di	to remember to
rifiutarsi di	to refuse to
sapere di	to know
smettere di	to stop
sognare di	to dream (about doing something)
sperare di	to hope to
stancarsi di	to get tired of (doing something)
suggerire di	to suggest (doing something)
tentare di	to try to
vergognarsi di	to be ashamed of (doing something)
vietare di	to forbid to

19.4 Verbi seguiti da 'a' + persona + 'di' + l'infinito
Common verbs followed by a + *person* + di + *infinitive*

Some verbs can be followed by both **a** *followed by a person and* **di** *followed by an infinitive:*

chiedere a (qualcuno) di (fare qualcosa)	to ask (someone) to (do something)
comandare a ... di ...	to order to
consigliare a ... di ...	to advise to
dire a ... di ...	to ask, tell to
domandare a ... di ...	to ask to
impedire a ... di ...	to forbid to
ordinare a ... di ...	to order to
permettere a ... di ...	to permit to
proibire a ... di ...	to forbid to
promettere a ... di ...	to promise to
proporre a ... di ...	to propose to
ricordare a ... di ...	to remind to
suggerire a ... di ...	to suggest that
vietare a ... di ...	to forbid to

19.5 Verbi seguiti da 'su'
Common verbs followed by su

contare su	to count on
giurare su	to swear on
riflettere su / pensare su	to think about
scommettere su	to bet on